토린이에서
토른이로

영단기 토익
왕기초 LC

JN430005

이 책의 소개

<영단기 토익 왕기초 LC>는 '토익'에 갓 입문한 수험생들을 위한 교재입니다.

입학/졸업/취업/승진하는 데 필수 스펙이 된 토익 시험. 도전은 해야 하는데 토익에 대해 아무것도 모른다면, 토익 시험에 필요한 기초 영어 지식이 부족하다면 <영단기 토익 왕기초 LC>를 강력히 추천합니다.

<영단기 토익 왕기초 LC>는 영어 단행본이 아닌 토익 수험서입니다.

영어 기초 레벨을 맞추고자 토익과 상관없는 어휘나 문장을 사용하지 않았습니다. 토익에 출제되는 어휘와 문장, 그리고 토익 시험을 치르기 위해서 반드시 익혀야 하는 학습 포인트를 담았습니다.

<영단기 토익 왕기초 LC>는 20일 만에 완독할 수 있는 교재입니다.

입문 수험생들의 학습 동기 부여를 위해 쉬운 영어, 재미있는 커리큘럼으로 구성했습니다. 분량이 많아서, 어려워서, 지루해서 중간에 포기하는 일 없이 기초를 탄탄히 쌓을 수 있도록 기획했습니다.

본 교재가 토익 입문 수험생 여러분이 한층 더 높은 단계로 발전하고, 목표 점수를 달성하는 데 도움이 될 것을 확신합니다. 여러분의 첫걸음, 첫 도전을 늘 응원합니다.

영단기 연구소 드림

목차

| 책 속의 책 | 정답/스크립트/해석/해설

구성 및 특징

기본기를 확실히 다질 수 있는 체계적인 커리큘럼

LC PART별로 '듣기 기초 다지기 → 어휘 다지기 → 유형 익히기 → 실력 쌓기' 순으로 짜여 있습니다. 기초부터 차근차근 밟아가는 단계적/체계적인 커리큘럼으로 하루에 DAY 하나씩 끝내다 보면 발음이 들리고, 어휘가 해석되고, 실전 문제가 풀리게 될 것입니다.

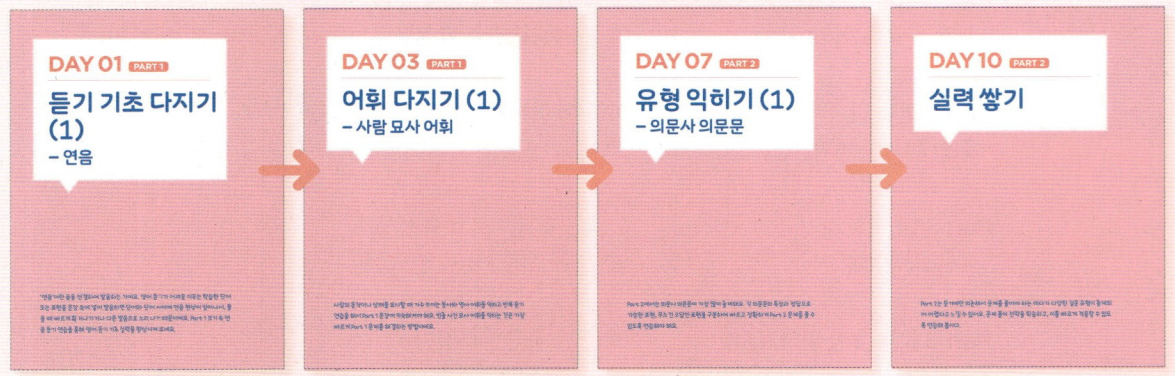

DAY 01 PART 1
듣기 기초 다지기 (1)
– 연음

DAY 03 PART 1
어휘 다지기 (1)
– 사람 묘사 어휘

DAY 07 PART 2
유형 익히기 (1)
– 의문사 의문문

DAY 10 PART 2
실력 쌓기

지식을 완전히 습득할 수 있는 알찬 구성

학습 포인트(개념)를 익히고 바로 연습 문제와 실전 문제를 풀어 보는 구성입니다. 충분한 연습 문제를 통해 학습 내용을 완전히 이해했는지 점검해 보고, 실제 토익 형태의 문제를 풀어 봄으로써 실전 감각과 문제 해결 능력까지 함께 기를 수 있습니다. 문제를 푼 후에는 바로 정답 및 해설을 확인하세요.

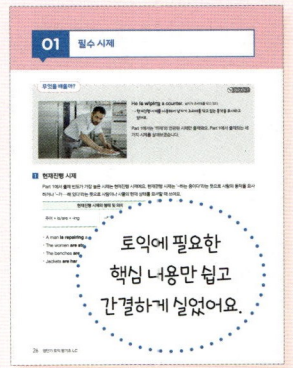

토익에 필요한 핵심 내용만 쉽고 간결하게 실었어요.

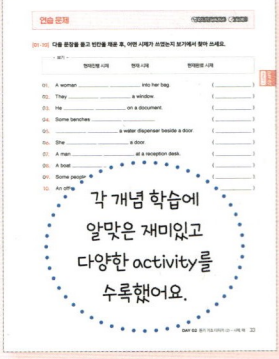

각 개념 학습에 알맞은 재미있고 다양한 activity를 수록했어요.

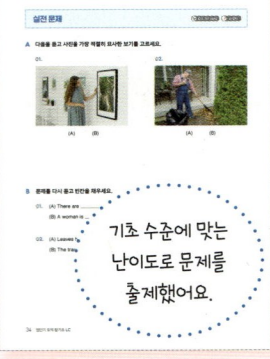

기초 수준에 맞는 난이도로 문제를 출제했어요.

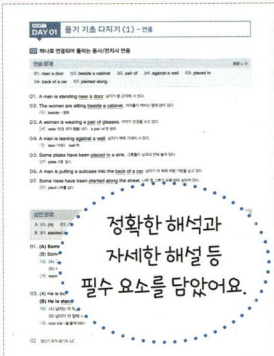

정확한 해석과 자세한 해설 등 필수 요소를 담았어요.

쉽고, 재미있고, 유익한 학습 요소

1. 무엇을 배울까?

학습 동기를 부여하고 효과를 극대화하기 위해 실제 토익 문장을 예로 들어 학습 내용 및 목표를 제시했습니다.

2. 음성 파일(MP3)

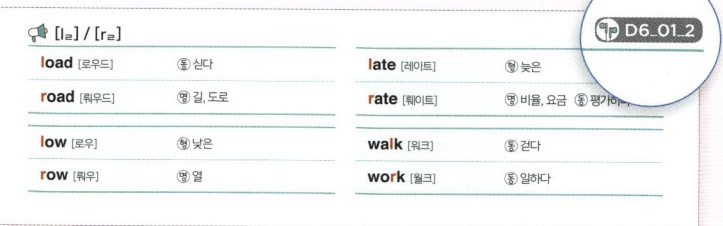

표현 및 문장을 원어민의 발음으로 직접 들어보고 익숙해질 수 있도록 음성 파일을 제공했습니다.
* MP3 다운로드 → 커넥츠 영단기 홈페이지(eng.conects.com)

3. 삽화

어휘 뜻을 쉽고 재미있게 이해하고 암기할 수 있도록 삽화를 수록했습니다.

4. 패러프레이징

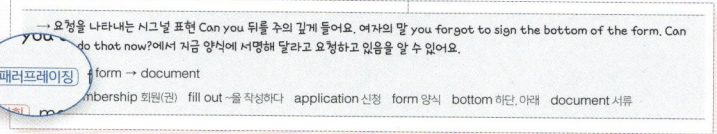

PART 3&4에서는 정답을 빠르게 찾는 데 도움이 되도록 패러프레이징 표현을 정리했습니다.

토익 안내

1. TOEIC 시험이란?

Test Of English for International Communication의 약자로, 모국어가 영어가 아닌 사람이 일상적인 생활 또는 업무에서 의사소통이 가능한지를 평가하는 시험입니다.

2. 시험 구성

① 전반적인 개요

듣기(LC) 4개 파트 100문제와 읽기(RC) 3개 파트 100문제로 총 7개 파트에 걸쳐 200문제가 출제됩니다. 200문제 모두 선택지 중에서 정답을 찾는 객관식 문제로 출제됩니다.

구성	PART	출제 내용	문항수	시간	점수
LC (Listening Comprehension)	PART 1	사진 묘사 (사진 보고 문제 풀기)	6	45분 내외	495점
	PART 2	질문-대답 (질문 듣고 답변 고르기)	25		
	PART 3	짧은 대화 (두세 사람의 대화를 듣고 질문에 답하기)	39		
	PART 4	설명문 (전화 메시지, 연설문, 안내 방송, 뉴스 등을 듣고 질문에 답하기)	30		
RC (Reading Comprehension)	PART 5	문장 빈칸 채우기 (하나의 문장 안에 있는 빈칸에 알맞은 말(문법&어휘) 고르기)	30	75분	495점
	PART 6	지문 빈칸 채우기 (짧은 지문 안에 있는 빈칸에 알맞은 말(문법&어휘&문장) 고르기)	16		
	PART 7	싱글 지문 (1개의 지문을 읽고 질문에 답하기)	29		
		더블 지문 (2개의 지문을 읽고 질문에 답하기)	10		
		트리플 지문 (3개의 지문을 읽고 질문에 답하기)	15		
총계			200	약 120분	990점

② 출제 범위 및 주제

일상생활 및 업무에 대한 영어 의사소통 능력을 평가하기 때문에 특정 분야의 전문 지식 또는 이와 관련된 어휘는 출제하지 않습니다. 국제 업무 환경에 맞게 다양한 국가의 지명과 성명이 등장하며, 듣기 평가에서는 미국, 영국, 호주 발음이 고르게 섞여 출제됩니다. 다음 주제를 참고해 봅시다.

기업 일반	이사회, 편지, 공지, 전화, 팩스, 이메일, 사무실 장비 및 가구, 사무실 규정, 계약, 협상, 합병 및 인수, 판매, 보증, 사업 계획, 회의
공식 연회	식사 및 연회, 장소 예약
엔터테인먼트	영화, 공연, 전시
재무	은행 업무, 투자, 세금, 회계, 청구
의료	건강 보험, 병원 방문 및 예약
부동산	건설 및 보수 내역, 부동산 구매 및 임대, 기타 설비
제조	제품 조립, 공장 경영, 품질 관리
채용	모집, 고용, 퇴임, 승진, 급여, 일자리 지원서, 구인 광고, 연금, 시상
구매	쇼핑, 주문, 배송, 송장
기술	전자 장비, 기술 지원, 컴퓨터, 연구실과 관련 장비
여행	교통 관련 일정, 교통 관련 각종 공지, 렌터카, 호텔 예약, 연착 및 취소

시험 가이드

1. 토익 접수 방법

- 토익 시험의 인터넷 접수 기간을 한국 TOEIC 위원회 사이트(www.toeic.co.kr)에서 확인합니다.
- 사이트에서 인터넷 접수를 선택하고 시험일, 고사장, 수험 정보 등을 입력합니다.
- 시험 접수 시 최근 6개월 이내 사진(JPG 형식)이 필요하오니 미리 준비합니다.
  - * TOEIC 위원회 공식 어플리케이션을 통한 모바일 접수도 가능합니다.
  - * 시험일 11일 전부터는 특별추가접수에 해당하여 약 5천원 정도의 추가 비용이 발생합니다. 미리 시험을 접수하는 것이 좋습니다.

2. 시험 당일 꼭! 챙겨야 할 준비물

- **· 규정 신분증**
  성인의 경우 주민등록증, 운전면허증, 기간 만료 전 여권, 공무원증 등이 인정됩니다. 중고등학생에 한하여 학생증(국내 학생증만 허용)도 신분증으로 인정됩니다.
- **· 연필 (볼펜, 사인펜은 No!)**
  연필 끝을 뭉뚝하게 만들어 준비하면 답안 마킹을 더 쉽게 할 수 있습니다.
- **· 지우개**
- **· 아날로그 손목시계 (전자식 시계는 No!)**

3. 입실 전 유의사항

- 시험 시간이 오전일 경우 오전 9:20까지, 시험 시간이 오후일 경우 오후 2:20까지 입실합니다.
  - * 오전 시험은 오전 9:50 이후, 오후 시험은 오후 2:50 이후로는 절대 입실할 수 없으니 꼭 시간을 지켜 미리 입실합니다.
  - * 시험 시간 직전에는 독해 문제를 풀기보다는 듣기 연습을 충분히 하여 귀를 훈련시키는 게 더 효과적입니다.

4. 시험 진행 안내

오전 시험	오후 시험	시험 진행
9:30~9:45 (15분)	2:30~2:45 (15분)	답안지 작성 오리엔테이션
9:45~9:50 (5분)	2:45~2:50 (5분)	쉬는 시간
9:50~10:05 (15분)	2:50~3:05 (15분)	신분증 확인
10:05~10:10 (5분)	3:05~3:10 (5분)	문제지 배부, 파본 확인
10:10~10:55 (45분)	3:10~3:55 (45분)	듣기 평가 (LC)
10:55~12:10 (75분)	3:55~5:10 (75분)	읽기 평가 (RC), 2차 신분 확인

5. 성적 확인 및 성적표 발급 방법

- 시험일로부터 10일 후 낮 12시에 한국 TOEIC 위원회 사이트(www.toeic.co.kr)에서 성적 확인이 가능합니다.
  - * 토요일 시행 시험 등 일부 회차 시험은 11일 후에 발표될 수 있습니다.
- 성적 수령은 온라인 출력이나 우편 수령을 택할 수 있습니다.
- 온라인 출력 시, 성적 유효 기간(2년) 내 홈페이지를 통해 출력 가능합니다.
- 우편 수령 시, 성적 발표 후 접수 시 기입한 주소로 성적표가 우편 발송됩니다. (약 7~10일 소요)
- 온라인 출력과 우편 수령은 1회 발급만 무료이며, 이후에는 유료로 발급됩니다.

토익 LC 시험 길잡이

LC는 Listening Comprehension의 약자로 듣고 이해하는 능력을 평가합니다.

· PART 1

사진을 보고 **4개의 보기 중 사진을 가장 잘 묘사한 것을 고르는** 문제입니다. 1번부터 6번까지 총 6문항이 사무실, 거리, 공항, 공원과 같은 다양한 장소의 사진으로 출제됩니다. 사람이 등장하는 사진과 사물 및 풍경만 있는 사진으로 나뉘는데, 사람 등장 사진이 매회 4문제는 출제되어 훨씬 비중이 높습니다. 시험지에는 사진만 인쇄되어 나오고, 보기는 음성으로만 들어야 합니다.

> Part 1은 디렉션이 가장 긴 파트예요. 그동안 시간 절약을 위해 RC Part 5 문제를 풀고 있다가 'Number 1' 소리가 들리면 다시 앞으로 와서 사진을 보며 보기를 들어요. Part 1은 답안지에 바로바로 마킹하는 것이 좋습니다.

· PART 2

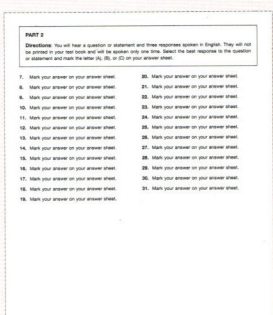

다양한 종류의 의문문 또는 평서문을 듣고 **4개의 보기 중 가장 알맞은 답변을 고르는** 문제입니다. 6번부터 31번까지 총 25문항이 출제되며, 의문문 중에는 의문사 의문문의 출제 비중이 가장 높습니다. 오로지 듣기에 의지해서 문제를 풀어야 하므로 문장을 정확히 듣고 이해하는 듣기 실력과 정답/오답을 재빠르게 판단하는 순발력이 요구되는 파트입니다.

> Part 2 디렉션이 나오는 동안에는 Part 3 질문과 보기를 읽어 두는 것이 좋아요. 디렉션이 끝나면 문제를 집중해서 듣고 답안지에 바로 마킹해요.

· PART 3

두세 명의 짧은 대화를 듣고 **4**개의 보기 중 질문에 가장 알맞은 답을 고르는 문제
인데, 한 대화 지문당 3문제씩 풀어야 합니다. 32번부터 70번까지 총 39문항, 총 13지
문으로 가장 많은 문항 수가 출제되는 파트입니다. 지문은 남/녀 두 명의 대화 11지문,
남/남/녀 또는 남/녀/녀 세 명의 대화 2지문으로 구성됩니다. 마지막 3개의 지문은 표,
그래프, 지도와 같은 시각 자료를 참고하여 문제를 풀어야 합니다. 시험지에 질문과 보
기가 제시되며, 질문은 들려 주지만 보기는 들려 주지 않습니다.

· PART 4

한 명의 짧은 담화를 듣고 **4**개의 보기 중 질문에 가장 알맞은 답을 고르는 문제
로, Part 3와 동일하게 한 담화 지문에 3문제를 풀어야 합니다. 71번부터 100번까지
총 30문항이 출제됩니다. 지문은 전화 메시지, 공지, 회의 내용 발췌, 뉴스, 광고와 같은
다양한 종류의 담화로 구성됩니다. Part 4에서도 마지막 2개의 지문은 표, 그래프, 지
도와 같은 시각 자료가 함께 출제됩니다. 시험지에 질문과 보기가 제시되며, 질문은 들
려 주지만 보기는 들려 주지 않습니다.

TIP

Part 3&4는 푸는 방법이 같아요. 디렉션이 나오는 동안 질문을 읽고 어느 부분을 집중해서 들어야겠다, 보기를 읽고 대
강 이런 내용이 나올 것이다를 머릿속에 그려요. 이때 키워드에 살짝 밑줄을 그어 놓고, 지문을 들으면서 키워드만 보고
바로 정답을 찾아 체크해요. 이렇게 지문을 들으면서 3문제를 다 풀고, 질문을 들려 줄 때 다른 문제를 미리 읽는 식으로
진행하는 것이 가장 좋아요. Part 3&4는 시험지에 정답을 체크해 두었다가 LC가 다 끝나고 RC를 풀기 전 한꺼번에
마킹해요.

토익 LC 학습법

LC 점수가 오르지 않는 가장 기본적인 원인은 들리지 않아서입니다. 들리지 않는 이유는 아예 모르는 단어이거나 아는 단어인데 발음을 알아듣지 못해서, 혹은 단어들은 들리는데 문장을 이해할 수 없어서일 것입니다. 이를 극복하는 가장 좋은 학습법은 받아쓰기와 섀도잉(Shadowing, 따라 읽기)입니다.

Step 1 | 받아쓰기

받아쓰기는 영문을 듣고 그대로 받아 적는 것입니다. 이때 관사나 회사/사람 이름과 같은 고유명사는 받아 적지 못해도 괜찮습니다. 받아쓰기를 한 후 스크립트를 확인하면서 받아 적지 못한 혹은 받아 적은 게 틀린 이유를 분석해 보는 것이 중요한데요. 받아쓰기를 하는 목적이 바로 이것 때문입니다. 단어를 몰라서였는지, 발음을 잘못 알고 있어서였는지, 연음 현상 때문에 못 들은 거였는지 확실히 알고 고쳐야 귀가 뚫리게 됩니다.

이렇게 해요!

① 실전 문제를 푼 후, 다시 음성을 듣고 빈칸을 채웁니다. (여러 번 반복해서 들어도 괜찮습니다.)

② 계속 들어도 무슨 단어인지 모르겠으면 한글로 소리 나는 대로 적어 봅니다.

③ 스크립트를 확인합니다. 틀리게 적은 부분은 이유를 분석해 보고 정확한 내용을 학습합니다.

④ 마지막으로 발음이 전부 확실하게 들릴 때까지 여러 번 반복해서 듣습니다.

Step 2 | 섀도잉

받아쓰기가 끝나면 섀도잉을 해야 합니다. 섀도잉은 영문을 듣고 성우를 따라 소리 내어 읽어 보는 것을 말합니다. 즉, 한 문장씩 듣고 원어민의 발음/속도/억양까지 그대로 따라 하는 것인데요. 이때는 머릿속으로 의미를 파악하면서 듣고 읽어야 합니다. 받아쓰기가 소리에 집중해 듣게 하는 훈련이라면, 섀도잉은 해석/문장 이해 능력까지 키우는 훈련입니다.

이렇게 해요!

① 스크립트를 보면서 한 문장씩 듣고 그대로 소리 내어 따라 읽습니다.

② 이번에는 스크립트를 보지 않고 한 문장씩 듣고 그대로 따라 합니다.

③ 이제 다시 스크립트를 보면서 성우 속도에 맞춰 동시에 같이 읽습니다.

④ 마지막으로 음성을 처음부터 끝까지 의미를 파악하면서 듣습니다.

듣기 기초 다지기 (1)
– 연음

'연음'이란 음을 연결하여 발음하는 거예요. 영어 듣기가 어려운 이유는 학습한 단어 또는 표현을 문장 속에 넣어 발음하면 단어와 단어 사이에 연음 현상이 일어나서, 들을 때 빠르게 휙 지나가거나 다른 발음으로 소리 나기 때문이에요. Part 1 보기 속 연음 듣기 연습을 통해 영어 듣기 기초 실력을 향상시켜 보세요.

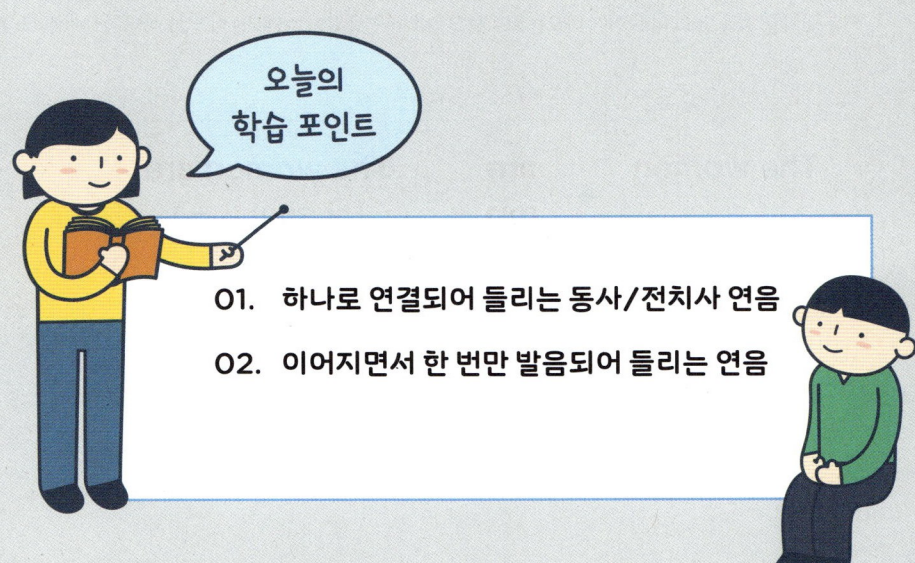

오늘의
학습 포인트

01. 하나로 연결되어 들리는 동사/전치사 연음

02. 이어지면서 한 번만 발음되어 들리는 연음

무엇을 배울까?

🎧 D1_01_1

(A) **A man is** hanging a painting **on a wall**. (O)
남자가 벽에 그림을 걸고 있다.
→ '어 매에니즈'와 '오너월'로 연결되어 들려요.

(B) A man is putting a tool **on a desk**. (X)
남자가 책상 위에 도구를 두고 있다.
→ '오너데스크'로 연결되어 들려요.

Part 1에서 사진 속 사람의 행동이나 사물의 위치/상태를 묘사하는 데 쓰이는 동사 및 전치사가 주변 단어와 어떻게 연음되어 들리는지 살펴보겠습니다.

1 주어와 동사 사이 연음

사진 속 남자를 지칭하는 man(남자)/men(남자들), 여자를 지칭하는 woman(여자)/women(여자들)과 동사 is/are는 연음되어 다음과 같이 발음돼요.

> **A ma_n_** + **_i_s** = **A ma_n_ _i_s**
> [ㄴ] + [이] = [어 매에**니**즈]

→ man의 끝 자음 'n'과 바로 이어 나오는 is의 첫 모음 'i'가 연음되어 '어 매엔 이즈'가 아닌 '어 매에니즈'로 한 단어처럼 들려요.

> **The wome_n_** + **_a_re** = **The wome_n_ _a_re**
> [ㄴ] + [아] = [더 위미**나**-ㄹ]

→ women의 끝 자음 'n'과 are의 첫 모음 'a'가 연음되어 '더 위민 아-ㄹ'가 아닌 '더 위미나-ㄹ'로 들려요.

2 **전치사구 사이 연음**

자음으로 끝나는 전치사 뒤에 관사 'a'가 올 경우 자음과 'a'가 만나 연음이 되어 전치사구 단어들이 마치 한 단어처럼 들려요.

nea**r** + **a** truck = nea**r a** truck
[ㄹ]   [어]   [니어**러**트럭]

→ 'r'과 'a'가 연음되어 '니어 ㄹ 어 트럭'이 아닌 '니어러트럭'으로 들려요.

behin**d** + **a** counter = behin**d a** counter
[ㄷ]   [어]   [비하인**더**카운터]

→ 'd'와 'a'가 연음되어 '비하인드 어 카운터'가 아닌 '비하인더카운터'로 들려요.

agains**t** + **a** wall = agains**t a** wall
[ㅌ]   [어]   [어겐스**터**월]

→ 't'와 'a'가 연음되어 '어겐스트 어 월'이 아닌 '어겐스터월'로 들려요.

3 동사와 전치사 사이 연음

Part 1에서는 사물의 상태를 묘사하는 표현으로 수동태 문형이 매회 출제돼요. 수동태 문형에서 '-ed'로 끝나는 동사와 모음으로 시작하는 전치사가 나란히 올 경우 연음이 일어나요. 이때, 동사부터 전치사구까지 빠르게 발음되니 연음에 주의해야 해요.

displaye**d**	+	**o**n	=	displaye**d o**n
[ㄷ]		[어]		[디스플레이**던**]

→ displayed의 끝 자음 'd'와 뒤에 오는 모음 'o'가 연음되어 '디스플레이드 언'이 아닌 '디스플레이던'으로 들려요.

parke**d**	+	**i**n	=	parke**d i**n
[ㅌ]		[이]		[파아ㄹ**틴**]

→ 똑같이 '-ed'로 끝나더라도 displayed처럼 'ed'가 'd'로 발음되는 것이 있는 반면, parked처럼 't'로 발음되는 경우도 있어요. 'd'와 'i'가 연음되어 '파아ㄹ 트 인'이 아닌 '파아ㄹ 틴'으로 들려요.

 **추가빈출 표현**　　　　　　　　　　　　　　　　　　　　　　　 D1_01_2

pile**d o**n [파일던]	arrange**d i**n [어레인지딘]
installe**d o**n [인스톨던]	place**d a**long [플레이스더롱]
stacke**d o**n [스택턴]	pu**t a**way [푸터(러)웨이]
se**t o**n [세턴(런)]	

4 전치사 of 앞뒤 연음

일단 자음으로 끝나는 명사와 모음으로 시작하는 of가 만나 첫 번째 연음이 일어나고, of의 'f'가 뒤에 오는 'a + 명사'와 만나면 다시 한번 연음이 일어나요. 따라서 of 앞뒤가 모두 연음되어 한 단어처럼 들리게 돼요.

$$
\begin{array}{ccc}
\textbf{box} & \textbf{of} & \textbf{box of} \\
[\text{ㅅ}] & [\text{어}] & [\text{박서브}]
\end{array}
$$

→ 명사 box의 끝 자음 'x'와 뒤에 오는 모음 'o'가 연음되어 '박스 어브'가 아닌 '박서브'로 들려요.

$$
\begin{array}{cccc}
\textbf{back} & \textbf{of} & \textbf{a vehicle} & \textbf{back of a vehicle} \\
[\text{ㅋ}] & [\text{어브}] & [\text{어}] & [\text{배커버비히클}]
\end{array}
$$

→ of 앞의 명사 back의 끝 자음 'ck'와 모음 'o'가 연음되어 '백 어브'가 아닌 '배커브'로 들리고, of의 'f'가 뒤의 'a'와 또 연음이 되어 '배커버비히클'로 한 단어처럼 발음돼요.

 **추가 빈출 표현**　　　　　　　　　　　　　　　　　　　🎧 D1_01_3

| in front of a table [인프런터버테이블] | door of a truck [도어러버츄럭] |

[01-07] 연음에 유의하여 다음 문장을 듣고 빈칸을 채우세요. (두 번 들려 줍니다.)

01. A man is standing _____ _____ _____.

02. The women are sitting _____ _____ _____.

03. A woman is wearing a _____ _____ glasses.

04. A man is leaning _____ _____ _____.

05. Some plates have been _____ _____ a sink.

06. A man is putting a suitcase into the _____ _____ _____ _____.

07. Some trees have been _____ _____ the street.

A 다음을 듣고 사진을 가장 적절히 묘사한 보기를 고르세요.

01.

(A)   (B)

02.

(A)   (B)

B 문제를 다시 듣고 빈칸을 채우세요.

01. (A) Some plates are _____ on a table.

(B) Some _____ are arranged in a room.

02. (A) He is looking into the _____ of a vehicle.

(B) He is _____ in front of a car.

02 이어지면서 한 번만 발음되어 들리는 연음

(A) A man **is selling** some merchandise. (X)
남자가 상품을 팔고 있다.
→ '이셀링'으로 's' 발음이 한 번만 들려요.

(B) A man **is sweeping** the floor. (O)
남자가 바닥을 쓸고 있다.
→ '이스위핑'으로 's' 발음이 한 번만 들려요.

이번에는 자음과 모음이 연음되는 경우가 아닌, 같은 자음 발음이나 같은 모음 발음이 연이어 나오는 경우는 어떻게 발음되는지 살펴보겠습니다.

1 같은 자음 사이의 연음

앞 단어의 끝 자음과 뒤 단어의 첫 자음이 같거나 비슷하면 두 자음이 이어지면서 한 번만 발음되어 들려요.

$$\text{is} \quad + \quad \text{standing} \quad = \quad \text{is standing}$$
$$[ㅈ] \qquad\qquad [ㅅ] \qquad\qquad [이스탠딩]$$

→ '이즈 스탠딩'이 아닌 '이스탠딩'으로 들려요.

추가 빈출 표현

p-p	picking up packages [피킹어패키쥐스] setting up partitions [셋팅어파ㄹ티션즈]	f-f	of food [어푸드] of fruit [어푸루트]
m-m	some measurement [서어메줘ㄹ먼트]	n-n	a sign next [어 사인넥스트]
t-t	next to [넥스투] bcat to [보우투] equipment to [이큅먼투]	s-s	is serving [이서ㄹ빙] is searching [이서ㄹ칭] his suitcase [히수ㅌ케이스] his sweater [히스웨터(러)ㄹ]

2 같은 모음 사이의 연음

동사 is 앞에 남녀를 지칭하는 대명사 he나 she가 주어로 오면 어떤 현상이 일어날까요?

He	+	is	=	He is
[ㅎㅣ]		[이]		[히즈]

→ 대명사 he의 모음 '이' 뒤에 is의 모음 '이'가 반복하여 나오면 '히 이즈'가 아닌 '이' 발음을 한 번만 하여 '히즈'로 발음해요.

He	+	is	+	standing	=	He is standing
[ㅎㅣ]		[이즈]		[스]		[히스탠딩]

→ 앞에서 살펴본 is standing 앞에 he를 넣어 함께 발음해 보면 he의 모음 '이'와 is의 '이'가 중복되어 한 번만 발음되고, is의 's'와 standing의 's'도 한 번만 발음되어 '히 이즈 스탠딩'이 아닌 '히스탠딩'으로 들려요. 여자를 지칭하는 대명사 she가 올 때도 동일해요.

[01-10] 연음에 유의하여 다음 문장을 듣고 빈칸을 채우세요. (두 번 들려 줍니다.)

01. A man ＿＿＿＿ ＿＿＿＿ a dish.

02. ＿＿＿＿ ＿＿＿＿ wearing a jacket.

03. ＿＿＿＿ ＿＿＿＿ ＿＿＿＿ some fruit.

04. A man is tying ＿＿＿＿ ＿＿＿＿.

05. The men are picking ＿＿＿＿ ＿＿＿＿.

06. ＿＿＿＿ ＿＿＿＿ ＿＿＿＿ a sink with a brush.

07. A wheelbarrow is placed ＿＿＿＿ ＿＿＿＿ a tree.

08. Some people are handing ＿＿＿＿ ＿＿＿＿.

09. A man is placing a tray ＿＿＿＿ ＿＿＿＿.

10. A man is pulling ＿＿＿＿ ＿＿＿＿.

실전 문제

D1_02_test   p. 03

A 다음을 듣고 사진을 가장 적절히 묘사한 보기를 고르세요.

01.

(A)   (B)

02.

(A)   (B)

B 문제를 다시 듣고 빈칸을 채우세요.

01.   (A) They are _____ next to each other.

(B) They are moving _____ to the front.

02.   (A) He is setting up a _____.

(B) He is _____ on a bench.

DAY 02 PART 1

듣기 기초 다지기 (2)
– 시제, 태

Part 1에서 출제되는 시제와 문장 구조는 정해져 있어요. 먼저 사진을 묘사하는 데 사용되는 시제와 문장 구조를 정리하고 연습해야 해요.

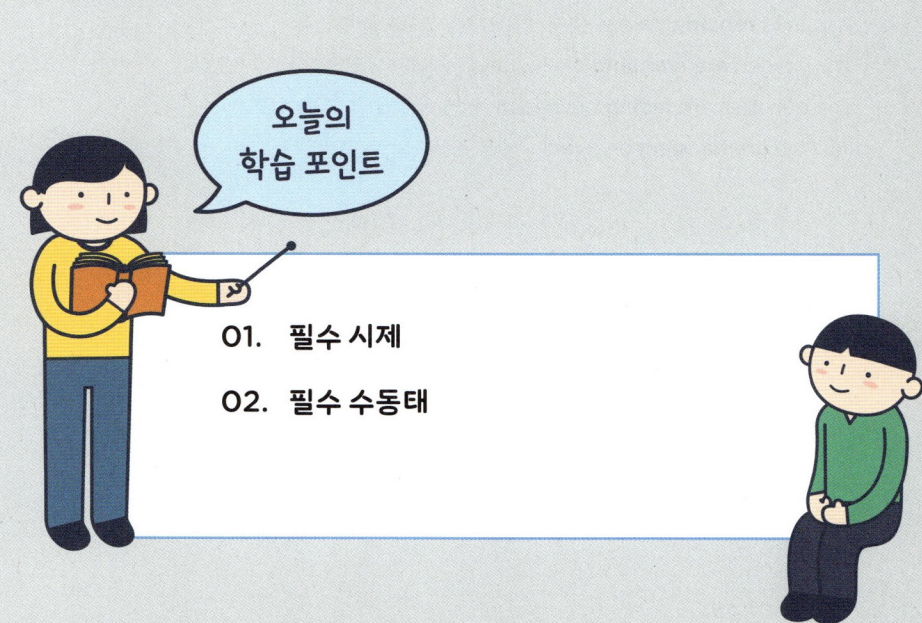

오늘의
학습 포인트

01 필수 시제

He **is wiping** a counter. 남자가 조리대를 닦고 있다.

→ 현재진행 시제를 사용해서 남자가 조리대를 닦고 있는 동작을 묘사하고 있어요.

Part 1에서는 '현재'와 연관된 시제만 출제돼요. Part 1에서 출제되는 세 가지 시제를 살펴보겠습니다.

1 현재진행 시제

Part 1에서 출제 빈도가 가장 높은 시제는 현재진행 시제예요. 현재진행 시제는 '~하는 중이다'라는 뜻으로 사람의 동작을 묘사하거나 '~가 …해 있다'라는 뜻으로 사람이나 사물의 현재 상태를 묘사할 때 쓰여요.

현재진행 시제의 형태 및 의미	
주어 + is/are + -ing	~하는 중이다, ~가 …해 있다

- A man **is repairing** a car. (동작) 남자가 차를 고치는 중이다.
- The women **are standing** at a counter. (상태) 여자들이 계산대에 서 있다.
- The benches **are facing** the beach. (상태) 벤치가 바다로 향해 있다.
- Jackets **are hanging** on a rack. (상태) 재킷이 선반에 걸려 있다.

2 현재 시제

사물의 위치 또는 상태를 묘사할 때 현재 시제를 사용해요. '~가 …에 있다' 또는 '~가 (상태가) …이다[하다]'라고 해석해요.

현재 시제의 형태 및 의미	
· 주어 + is/are ~ · 주어 + 일반 동사 · There is/are ~	~가 …에 있다, ~가 …이다[하다]

① '주어 + is/are ~' 형태가 '~가 …에 있다'라는 뜻으로 사물의 위치를 묘사할 때는 is/are 뒤에 장소를 나타내는 표현이 나와요.

- A computer **is** on a desk. 컴퓨터가 책상 위에 있다.
- A trash bin **is** next to a tree. 쓰레기통이 나무 옆에 있다.

② '주어 + is/are ~' 형태가 '~가 …이다[하다]'라는 뜻으로 사물의 상태를 묘사할 때는 is/are 뒤에 상태를 묘사하는 표현이 나와요.

- An armchair **is** occupied. 안락의자가 차 있다.
- Park benches **are** empty. 공원 벤치가 비어 있다.

③ 사물의 상태를 묘사할 때 '주어 + 일반 동사' 형태도 출제돼요.

- A bridge **crosses** over a river. 다리가 강 위를 가로지른다.
- Some railways **run** alongside a building. 철로들이 건물 옆에 뻗어 있다.
- Some stairs **lead** up to an entrance. 계단들이 출입구로 이어진다.

④ 사물의 위치를 묘사하는 다른 표현으로 'There is/are ~'가 있어요. is/are 뒤에 사물과 장소를 나타내는 표현이 이어서 나와요.

- **There is** a book on a sofa. 책이 소파 위에 있다.
- **There are** trees along the street. 나무가 길을 따라서 있다.

3 현재완료 시제

무언가 떨어져/놓여 있거나 사람들이 모여 있는 상태처럼 이미 그렇게 되어 있는 상태를 묘사할 때 현재완료 시제를 사용해요.

현재완료 시제의 형태 및 의미	
주어 + has/have + p.p.	~가 …해 있다

- A bag **has fallen** on the floor. 가방이 바닥에 떨어져 있다.
- Some people **have left** their backpacks on the grass. 몇몇 사람들이 잔디 위에 가방을 놓아두었다.
- Some people **have gathered** under a roof. 몇몇 사람들이 지붕 아래에 모여 있다.
- Some tourists **have paused** to photograph a landscape. 몇몇 관광객들이 풍경 사진을 찍기 위해 멈춰 서 있다.

[01-10] **다음 문장을 듣고 빈칸을 채운 후, 어떤 시제가 쓰였는지 보기에서 찾아 쓰세요.** (두 번 들려 줍니다.)

• 보기 •

현재진행 시제   현재 시제   현재완료 시제

---

01. A woman _____ _____ into her bag.   (_____)

02. They _____ _____ a window.   (_____)

03. He _____ _____ on a document.   (_____)

04. Some benches _____ _____.   (_____)

05. _____ _____ a water dispenser beside a door.   (_____)

06. She _____ _____ a door.   (_____)

07. A man _____ _____ at a reception desk.   (_____)

08. A boat _____ _____, in a harbor.   (_____)

09. Some people _____ _____ in a lobby.   (_____)

10. An office _____ _____.   (_____)

A 다음을 듣고 사진을 가장 적절히 묘사한 보기를 고르세요.

01.

(A)   (B)

02.

(A)   (B)

B 문제를 다시 듣고 빈칸을 채우세요.

01. (A) There are _____ on a wall.

(B) A woman is _____ a picture.

02. (A) Leaves have _____ on the ground.

(B) The trash can is almost _____.

02 필수 수동태

무엇을 배울까?

🎧 D2_02_1

A tire **is being replaced**. 타이어가 교체되고 있다.

→ 수동태를 사용하여 타이어가 교체되고 있는 모습을 묘사하고 있어요.

Part 1에서는 사물 주어를 써서 사물이 '~되고' 있음을 묘사해요. 이번 에는 현재진행/현재/현재완료 시제의 수동태 형태를 살펴보겠습니다.

1 현재진행/현재/현재완료 수동태

사람이 사물을 다루고 있는 동작을 사물을 주어로 해서 묘사할 때는 현재진행 수동태를 사용하고, 사물의 상태나 위치를 묘사할 때는 현재/현재완료 수동태를 사용해요.

현재진행 수동태의 형태 및 의미	
주어 + is/are being + p.p.	~되고 있다

· Dishes **are being washed**. 접시가 닦이고 있다.

현재 수동태의 형태 및 의미	
주어 + is/are + p.p.	~되어 있다

· Books **are placed** on a shelf. 책들이 선반 위에 놓여 있다.

현재완료 수동태의 형태 및 의미	
주어 + has/have been + p.p.	~되어 있다

· Some cars **have been parked** along the street. 차 몇 대가 길을 따라 주차되어 있다.

[01-10] 다음 문장을 듣고 빈칸을 채운 후, 어떤 태가 쓰였는지 보기에서 찾아 쓰세요. (두 번 들려 줍니다.)

> • 보기 •
>
> 현재진행 수동태   현재 수동태   현재완료 수동태

01. A truck _____ _____ _____ in a garage. (_____)

02. Some chairs _____ _____ _____ up under a mirror.

(_____)

03. A light fixture _____ _____ _____. (_____)

04. A briefcase _____ _____ _____ on the floor. (_____)

05. Some trees _____ _____ _____ along a street.

(_____)

06. A floor _____ _____ with carpeting. (_____)

07. Some artwork _____ _____ up against the sofa. (_____)

08. Some houses _____ _____ _____ next to a pier.

(_____)

09. Some stools _____ _____ _____ beside a door.

(_____)

10. A stage _____ _____ _____ up indoors. (_____)

실전 문제

A 다음을 듣고 사진을 가장 적절히 묘사한 보기를 고르세요.

01.

(A)   (B)

02.

(A)   (B)

B 문제를 다시 듣고 빈칸을 채우세요.

01. (A) The man is _____ a helmet.

　　(B) The bicycle is _____ against the wall.

02. (A) Some _____ have been arranged on a sofa.

　　(B) The curtains are _____.

DAY 03 PART 1

어휘 다지기 (1)
– 사람 묘사 어휘

사람의 동작이나 상태를 묘사할 때 자주 쓰이는 동사와 명사 어휘를 익히고 반복 듣기
연습을 해서 Part 1 문장에 익숙해져야 해요. 빈출 사진 묘사 어휘를 익히는 것은 가장
빠르게 Part 1 문제를 해결하는 방법이에요.

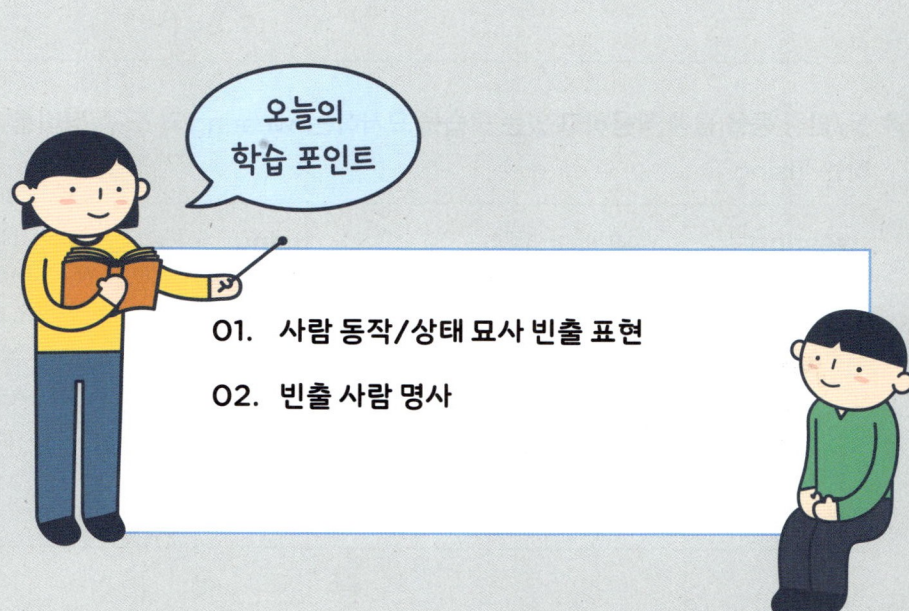

오늘의
학습 포인트

01. 사람 동작/상태 묘사 빈출 표현

02. 빈출 사람 명사

01 사람 동작/상태 묘사 빈출 표현

무엇을 배울까?

A man is **holding** a file folder. 남자가 파일 폴더를 들고 있다.

→ 동사 hold를 사용해서 남자가 파일 폴더를 손에 쥐고 있는 모습을 묘사하고 있어요.

먼저 사람의 동작이나 상태를 묘사하는 빈출 동사를 익혀 보겠습니다.

📢 손에 무언가를 쥐고 있는 모습을 묘사하는 'holding'과 들고 운반하는 모습을 묘사하는 'carrying'

holding
(손에) 쥐고
[들고] 있다
	· **holding** a book 책을 들고 있다
	· **holding** a cup 컵을 들고 있다
	· **holding** some merchandise
	  상품을 들고 있다
	· **holding** a bag 가방을 들고 있다
		carrying
		들고 가고 있다,
		나르고 있다 
			· **carrying** a briefcase
			  서류 가방을 메고 있다
			· **carrying** a package
			  소포를 나르고 있다
			· **carrying** a container
			  용기를 나르고 있다

📢 옷/안경 등을 몸에 착용하고 있는 모습을 묘사하는 'wearing'과 도구/장비를 사용하는 모습을 묘사하는 'using'

wearing
(몸에) 입고
[착용하고] 있다 
	· **wearing** a jacket
	  재킷을 입고 있다
	· **wearing** a hat 모자를 쓰고 있다
	· **wearing** glasses 안경을 쓰고 있다
	· **wearing** gloves 장갑을 끼고 있다
		using
		(도구/장비를)
		사용하고 있다
			· **using** a ladder
			  사다리를 사용하고 있다
			· **using** a laptop computer
			  노트북 컴퓨터를 사용하고 있다
			· **using** a garden tool
			  정원용 도구를 사용하고 있다

📢 보고 있는 모습을 묘사하는 'looking'과 일/작업하는 모습을 묘사하는 'working'

looking
보고 있다

· **looking** at a map
지도를 보고 있다

· **looking** in a drawer
서랍 안을 보고 있다

· **looking** into a cabinet
캐비닛 안을 보고 있다

working
일하고 있다

· **working** at a desk
책상에서 일하고 있다

· **working** behind a counter
계산대 뒤에서 일하고 있다

· **working** on a machine
기계로 작업하고 있다

📢 손으로 가리키는 모습을 묘사하는 'pointing'과 누르는 모습을 묘사하는 'pressing'

pointing
가리키고 있다

· **pointing** at a poster
포스터를 가리키고 있다

· **pointing** to a map
지도를 가리키고 있다

· **pointing** toward a building
건물을 가리키고 있다

pressing
누르고 있다

· **pressing** a button
버튼을 누르고 있다

📢 펜으로 쓰는 모습을 묘사하는 'writing'과 타자를 치는 모습을 묘사하는 'typing'

writing
(글을) 쓰고 있다

· **writing** on a notepad
메모장에 쓰고 있다

· **writing** on a document
문서에 쓰고 있다

· **writing** on a form
양식에 기입하고 있다

typing
타자를 치고 있다

· **typing** on a keyboard
키보드로 타자를 치고 있다

· **typing** on a laptop
노트북으로 타자를 치고 있다

· **typing** on a computer
컴퓨터로 타자를 치고 있다

📢 길을 건너는 모습을 묘사하는 'crossing'과 무릎을 꿇고 있는 모습을 묘사하는 'kneeling'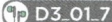

crossing
(길을) 건너고 있다

· **crossing** a street
길을 건너고 있다

kneeling
무릎을 꿇고 있다

· **kneeling** down
꿇어 앉아 있다

· **kneeling** on a deck
갑판 위에서 무릎을 꿇고 있다

📢 빗자루로 쓰는 모습을 묘사하는 'sweeping'과 닦는 모습을 묘사하는 'wiping'　D3_01_8

| **sweeping**
(빗자루로) 쓸고
있다 | · **sweeping** a floor
　바닥을 쓸고 있다
· **sweeping** a doorway
　출입구를 쓸고 있다
· **sweeping** a street
　길을 쓸고 있다 | **wiping**
닦고 있다
 | · **wiping** a counter
　조리대를 닦고 있다
· **wiping** a desk　책상을 닦고 있다
· **wiping** a window
　창문을 닦고 있다 |

📢 서 있는 모습을 묘사하는 'standing'과 걷고 있는 모습을 묘사하는 'walking'　D3_01_9

| **standing**
~에 서 있다 | · **standing** on the street
　길에 서 있다
· **standing** next to a door
　문 옆에 서 있다
· **standing** behind a counter
　계산대 뒤에 서 있다
· **standing** near a building
　건물 근처에 서 있다
· **standing** in front of a desk
　책상 앞에 서 있다 | **walking**
걷고 있다
 | · **walking** toward a boat
　배를 향해 걷고 있다
· **walking** on a bridge
　다리 위를 걷고 있다
· **walking** up a staircase
　계단을 걸어 올라가고 있다
· **walking** down some steps
　계단을 걸어 내려오고 있다
· **walking** along a river
　강을 따라 걷고 있다 |

📢 쇼핑하는 모습을 묘사하는 'shopping'과 기다리고 있는 모습을 묘사하는 'waiting'　D3_01_10

| **shopping**
쇼핑하고 있다
 | · **shopping** for clothing
　옷을 쇼핑하고 있다
· **shopping** at a market
　시장에서 쇼핑하고 있다 | **waiting**
기다리고 있다 | · **waiting** in a lobby
　로비에서 기다리고 있다
· **waiting** in line
　줄을 서서 기다리고 있다 |

📢 카트/문 등을 밀고 있는 모습을 묘사하는 'pushing'과 끌고 있는 모습을 묘사하는 'pulling'

🎧 D3_01_11

| **pushing** 밀고 있다 | · **pushing** a cart 카트를 밀고 있다
· **pushing** a door 문을 밀고 있다
· **pushing** a wheelbarrow 손수레를 밀고 있다 | **pulling** 끌고 있다  | · **pulling** a cart 카트를 끌고 있다
· **pulling** a suitcase 여행 가방을 끌고 있다
· **pulling** a chair 의자를 끌어 당기고 있다 |

📢 기계/문서/상품을 살펴보는 모습을 묘사하는 'examining'과 상품/장비를 점검하는 모습을 묘사하는 'inspecting'

🎧 D3_01_12

| **examining** 살펴보고 있다  | · **examining** a piece of equipment 기계를 살펴보고 있다
· **examining** some papers 문서를 살펴보고 있다
· **examining** some clothing 옷을 살펴보고 있다 | **inspecting** 점검[검사]하고 있다 | · **inspecting** a rug 깔개를 점검하고 있다
· **inspecting** a pipe 파이프를 점검하고 있다
· **inspecting** a car 차를 점검하고 있다 |

📢 앉아 있는 모습을 묘사하는 'seated'와 한 무리가 모여 있는 모습을 묘사하는 'gathered'

🎧 D3_01_13

| **seated** 앉아 있다 | · **seated** in a waiting area 대기 공간에 앉아 있다
· **seated** next to each other 서로 옆에 앉아 있다
· **seated** at a table 테이블에 앉아 있다 | **gathered** 모여 있다  | · **gathered** in a waiting area 대기 공간에 모여 있다
· **gathered** for a meeting 회의를 위해 모여 있다
· **gathered** around a desk 책상 주변에 모여 있다 |

📢 기대어 서 있는 모습을 묘사하는 'leaning'과 굽히고 있는 모습을 묘사하는 'bending' 🎧 D3_01_14

| **leaning**
기대고 있다
 | · **leaning** over a counter
계산대에 기대고 있다
· **leaning** against a wall
벽에 기대고 있다 | **bending**
굽히고 있다 | · **bending** down
몸을[허리를] 굽히고 있다
· **bending** over a box
박스 위로 몸을 굽히고 있다 |

📢 쉬고 있는 모습을 묘사하는 'resting'과 'relaxing' 🎧 D3_01_15

| **resting**
쉬고 있다 | · **resting** on the step
계단에서 쉬고 있다
· **resting** by a river
강 옆에서 쉬고 있다
· **resting** on a beach
해변에서 쉬고 있다 | **relaxing**
쉬고 있다
 | · **relaxing** in a park
공원에서 쉬고 있다 |

📢 요리하는 모습을 묘사하는 'preparing'과 음악을 연주하는 모습을 묘사하는 'playing' 🎧 D3_01_16

| **preparing**
(음식을) 조리[준비]
하고 있다 | · **preparing** some food
음식을 조리하고 있다
· **preparing** meals
식사를 준비하고 있다 | **playing**
연주하고 있다
 | · **playing** instruments
악기를 연주하고 있다
· **playing** music
음악을 연주하고 있다 |

📢 강연/연설/발표를 듣고 있는 모습을 묘사하는 'attending'과 'listening'  D3_01_17

attending
참석하고 있다

- **attending** a presentation
  발표에 참석하고 있다
- **attending** an exhibit
  전시회에 참석하고 있다

listening
듣고 있다

- **listening** to a presentation
  발표를 듣고 있다
- **listening** to a lecture
  강의를 듣고 있다

📢 식물에 물을 주는 모습을 묘사하는 'watering'과 뿌리는 모습을 묘사하는 'spraying'  D3_01_18

watering
물을 주고 있다

- **watering** some plants
  식물에 물을 주고 있다
- **watering** some flowers
  꽃에 물을 주고 있다

spraying
뿌리고 있다

- **spraying** a doorway
  출입구에 뿌리고 있다

📢 책/신문을 읽고 있는 모습을 묘사하는 'reading'과 말하는 모습을 묘사하는 'talking' D3_01_19

reading
읽고 있다

- **reading** a document
  문서를 읽고 있다
- **reading** a book
  책을 읽고 있다
- **reading** a newspaper
  신문을 읽고 있다

talking
말하고 있다

- **talking** on a phone
  전화로 얘기하고 있다
- **talking** to a server
  종업원에게 말하고 있다
- **talking** with a customer
  고객과 말하고 있다

[01-05] 다음을 듣고 알맞은 것끼리 짝을 맞춰 연결하세요.

01. wiping   •

02. reading   •

03. pressing   •

04. using   •

05. examining   •

• a laptop computer

• some papers

• a counter

• a newspaper

• a button

실전 문제   D3_01_test   p. 08

A 다음을 듣고 사진을 가장 적절히 묘사한 보기를 고르세요.

01.

(A)   (B)

02.

(A)   (B)

B 문제를 다시 듣고 빈칸을 채우세요.

01. (A) She is _____ on a sofa.

    (B) She is _____ a floor.

02. (A) She is _____ a shelf.

    (B) She is _____ music.

02 빈출 사람 명사

무엇을 배울까?

A **cashier** is standing behind a counter. 계산원이 계산대 뒤에 서 있다.
→ 상점 사진에서 계산대 뒤에 서 있는 여자를 '계산원'이라고 지칭하고 있어요.

'man(men), woman(women), people'과 대명사 'he, she, they' 이외에도 cashier와 같은 사람 명사가 나오기도 해요. 사진 주제별로 자주 등장하는 사람 명사를 익혀 보겠습니다.

📢 상점/시장 사진 D3_02_2

· customer 소비자, 고객
· shopper 쇼핑객
· cashier 계산원, 출납원

📢 식당/카페테리아 사진 D3_02_3

· server 서빙하는 사람, 종업원
· waiter 웨이터
· diner 식사하는 사람

📢 역/공항/여행 사진 D3_02_4

· passenger 탑승객
· traveler 여행객
· tourist 관광객
· hiker 도보 여행객

📢 거리/도로 사진 D3_02_5

· pedestrian 보행자
· cyclist 자전거 타는 사람
· driver 운전자

 **강의실/워크숍/콘퍼런스 사진**  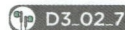 D3_02_6

· lecturer 강사, 강연자
· instructor 강사
· audience 청중, 관중

공연장/무대 사진 D3_02_7

· performer 연기자, 연주자
· musician 음악가
· spectator 관중

 **건축/건설/작업 현장 사진** D3_02_8

· worker 작업자, 노동자
· construction worker
  건설 근로자
· mover
  이삿짐 운반 직원, 물건을 옮기는 사람

연습 문제

🎧 D3_02_practice ✏️ p. 08

[01-05] 다음 문장을 듣고 빈칸을 채우세요. (두 번 들려 줍니다.)

01. A _____ is waiting in line.

02. A _____ is walking on a bridge.

03. A _____ is seated next to some windows.

04. A _____ is trying on a jacket.

05. A _____ is repairing a car.

실전 문제

🎧 D3_02_test ✏️ p. 09

A 다음을 듣고 사진을 가장 적절히 묘사한 보기를 고르세요.

01.

(A)   (B)

02.

(A)   (B)

B 문제를 다시 듣고 빈칸을 채우세요.

01. (A) Some _____ are crossing
the street.

(B) The _____ are watching a
musical performance.

02. (A) _____ are boarding the
train.

(B) There are some _____
on a pathway.

어휘 다지기 (2)
– 사물 묘사 어휘

사물의 상태를 묘사할 때 자주 쓰이는 동사와 명사 어휘를 익히고 반복 듣기 연습을
해서 Part 1 문장에 익숙해져야 해요. 빈출 사진 묘사 어휘를 익히는 것은 가장 빠르게
Part 1 문제를 해결하는 방법이에요.

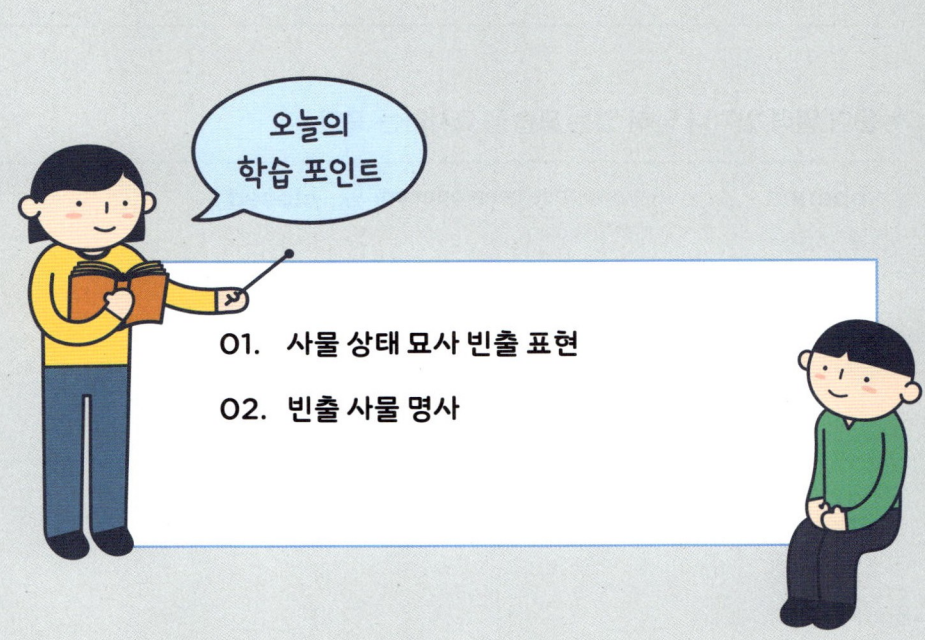

오늘의
학습 포인트

O1. 사물 상태 묘사 빈출 표현

O2. 빈출 사물 명사

01 사물 상태 묘사 빈출 표현

무엇을 배울까?

Chairs **are unoccupied**. 의자가 비어 있다.

→ 의자에 사람이 앉아 있지 않고 비어 있는 모습을 묘사하고 있어요.

사람이 등장하지 않는 사진에서 사물의 상태를 묘사하는 동사를 익혀 보겠습니다.

📢 좌석이 차 있거나 비어 있는 모습을 묘사하는 표현

occupied 차 있다	· The benches are **occupied**. 벤치가 차 있다. · The chair is **occupied**. 의자가 차 있다.	**be unoccupied** 비어 있다 	· The seats **are unoccupied**. 좌석이 비어 있다. · An office **is unoccupied**. 사무실이 비어 있다.

📢 문이 열려 있거나 닫혀 있는 모습을 묘사하는 표현

opened 열려 있다	· A drawer has been **opened**. 서랍이 열려 있다.	**closed** 닫혀 있다 	· The door is **closed**. 문이 닫혀 있다.

📢 사물이 배치되어/놓여 있는 모습을 묘사하는 표현

 D4_01_4

arranged
배치되어 있다

- Benches are **arranged**.
  벤치가 배치되어 있다.
- **arranged** on a table
  테이블 위에 배치되어 있다
- **arranged** in a circle
  원형으로 배치되어 있다

positioned
배치되어 있다

- Desks have been **positioned**.
  책상이 배치되어 있다.
- **positioned** along the street
  길을 따라 배치되어 있다

set
놓여 있다

- Pillows are **set**.
  베개가 놓여 있다.
- **set** on a counter
  계산대 위에 놓여 있다
- **set** outside
  바깥에 놓여 있다

placed
놓여 있다

- A bag has been **placed**.
  가방이 놓여 있다.
- **placed** outside a building
  건물 밖에 놓여 있다
- **placed** next to a door
  문 옆에 놓여 있다

📢 상품이 진열되어 있는 모습을 묘사하는 표현

 D4_01_5

displayed
진열되어 있다

- Items are **displayed**.
  물건이 진열되어 있다.
- have been **displayed**
  진열되어 있다
- **displayed** in a glass case
  유리 용기에 진열되어 있다

be on display
진열되어 있다

- Some merchandise **is on display**. 상품이 진열되어 있다.
- **are on display** on a shelf
  선반에 진열되어 있다
- **is on display** in a store
  상점에 진열되어 있다

📢 카트/캐비닛 등이 가득 차 있는 모습을 묘사하는 표현

 D4_01_6

stocked
채워져 있다

- A cabinet has been **stocked**.
  캐비닛이 채워져 있다.
- **stocked** with bread
  빵으로 채워져 있다

filled
가득 차 있다

- A drawer has been **filled**.
  서랍이 가득 차 있다.
- **filled** with items
  물건으로 가득 차 있다

📢 줄지어 있는 모습과 걸려 있는 모습을 묘사하는 표현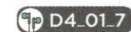

| **lined up**
늘어서 있다 | · Lockers are **lined up**.
사물함이 늘어서 있다.

· **lined up** in a row
일렬로 늘어서 있다 | **hanging**
걸려 있다 | · Clothing is **hanging**.
옷이 걸려 있다.

· **hanging** on racks
선반에 걸려 있다
 |

📢 배와 관련된 모습을 묘사하는 표현

| **docked**
(배가) 대어져 있다
 | · A boat is **docked**.
보트가 대어져 있다.

· **docked** in the harbor
항구에 대어져 있다 | **floating**
떠 있다 | · A boat is **floating**.
보트가 떠 있다.

· **floating** in the water
물에 떠 있다 |

📢 물건이 쌓여 있거나 탈것에 실려 있는 모습을 묘사하는 표현

| **stacked**
쌓여 있다
 | · Some packages are **stacked**.
소포들이 쌓여 있다.

· Some boxes have been **stacked**. 박스들이 쌓여 있다.

· **stacked** on a cart
카트에 쌓여 있다 | **loaded**
실려 있다 | · A cart has been **loaded**.
카트에 실려 있다.

· **loaded** onto a truck
트럭에 실려 있다 |

[01-05] 다음을 듣고 알맞은 것끼리 짝을 맞춰 연결하세요.

01. stacked •		• in the water
02. docked •		• in a row
03. a drawer •		• in the harbor
04. floating •		• has been filled
05. lined up •		• on a cart

실전 문제   D4_01_test   p. 10

A 다음을 듣고 사진을 가장 적절히 묘사한 보기를 고르세요.

01.

(A)   (B)

02.

(A)   (B)

B 문제를 다시 듣고 빈칸을 채우세요.

01. (A) Items are _____ in a shopping cart.

(B) Items are _____ on shelves.

02. (A) A painting has been _____ on the floor.

(B) A painting is _____ on a wall.

02 빈출 사물 명사

무엇을 배울까?

 D4_02_1

Cars are parked along the **street**. 자동차들이 길을 따라 주차되어 있다.

→ 거리 사진에서 사물 명사 car를 사용해 자동차들이 줄지어 주차되어 있는 모습을 묘사하고 있어요.

이번에는 사진 주제별로 자주 등장하는 사물 명사를 익혀 보겠습니다.

📢 거리 사진

D4_02_2

vehicle 탈것, 차량 	· Some **vehicles** are parked. 차량들이 주차되어 있다. · A **vehicle** is stopped. 차량이 멈춰 있다.	**truck** 트럭	· A **truck** is stopped. 트럭이 멈춰 있다. · climbing into a **truck** 트럭에 타고 있다
traffic light 신호등	· A **traffic light** has been set up. 신호등이 설치되어 있다. · stopped at a **traffic light** 신호등 앞에서 멈춰 있다	**intersection** 교차로	· crossing an **intersection** 교차로를 건너고 있다 · set up in an **intersection** 교차로에 세워져 있다

📢 상점/시장 사진

merchandise
상품

· Some **merchandise** is arranged. 상품이 정렬되어 있다.
· paying for some **merchandise** 상품값을 지불하고 있다

item
물건, 상품

· **Items** are being placed. 물건이 놓이고 있다.
· filled with **items** 물건으로 채워져 있다

product
제품

· **Products** are displayed. 제품이 진열되어 있다.
· looking at a **product** 제품을 보고 있다

clothing
의류

· **Clothing** is hanging. 의류가 걸려 있다.
· folding some **clothing** 의류를 개고 있다

📢 사무실 사진

office equipment
사무기기

· Some **office equipment** is under a table. 사무기기가 테이블 밑에 있다.
· using some **office equipment** 사무기기를 사용하고 있다

copy machine
복사기

· putting paper in a **copy machine** 복사기에 종이를 넣고 있다
· looking into a **copy machine** 복사기를 들여다보고 있다

computer monitor
컴퓨터 모니터

· looking at a **computer monitor** 컴퓨터 모니터를 보고 있다
· facing some **computer monitors** 컴퓨터 모니터를 마주보고 있다

briefcase
서류 가방

· reaching for a **briefcase** 서류 가방에 손을 뻗고 있다
· carrying a **briefcase** 서류 가방을 들고 있다

DAY 04 PART 1

📢 역 사진

 D4_02_5

station 역	· stopped at the **station** 역에 멈춰 있다 · leaving the **station** 역을 떠나고 있다	**platform** 플랫폼	· standing on a **platform** 플랫폼에 서 있다 · stopped at a **platform** 플랫폼에 멈춰 있다
train 기차	· A **train** is crossing. 기차가 건너고 있다. · boarding a **train** 기차에 타고 있다	**suitcase** 여행용 가방	· Some **suitcases** are loaded. 여행용 가방들이 실려 있다. · carrying **suitcases** 여행용 가방을 나르고 있다

📢 강가/물가/부두 사진

 D4_02_6

boat 보트, 배	· A **boat** has docked. 보트가 정박했다. · getting into a **boat** 보트 안으로 들어가고 있다	**pier** 부두	· docked at a **pier** 부두에 정박해 있다 · approaching a **pier** 부두에 접근하고 있다
dock 부두	· A **dock** has been built. 부두가 지어져 있다. · tied to a **dock** 부두에 묶여 있다	**bridge** 다리	· A **bridge** crosses. 다리가 가로지른다. · standing on a **bridge** 다리 위에 서 있다

path 길	· A **path** is being swept. 길을 쓸고 있다. · walking on a **path** 길에서 걷고 있다	**wheelbarrow** 손수레	· A **wheelbarrow** has been left. 손수레가 놓여 있다. · pushing a **wheelbarrow** 손수레를 밀고 있다
bush 관목 	· Some **bushes** have been planted. 관목들이 심어져 있다. · trimming a **bush** 관목을 다듬고 있다	**grass** 잔디	· Some **grass** is being watered. 잔디에 물을 주고 있다. · kneeling on the **grass** 잔디 위에 무릎을 꿇고 있다

tray 쟁반 	· carrying some **trays** 쟁반들을 나르고 있다 · stacked on a **tray** 쟁반 위에 쌓여 있다	**menu** 메뉴	· reading a **menu** 메뉴를 읽고 있다 · distributing **menus** 메뉴를 나눠주고 있다
container 용기	· A **container** has been filled. 용기가 채워져 있다. · opening a **container** 용기를 열고 있다	**meal** 식사	· having a **meal** 식사를 하고 있다 · paying for their **meal** 식사비를 지불하고 있다

PART 1 · DAY 04

artwork 예술품	· Some **artwork** is hanging. 　예술품이 걸려 있다. · putting some **artwork** 　예술품을 두고 있다	**painting** 그림	· A **painting** has been left. 　그림 한 점이 놓여 있다. · hanging up a **painting** 　그림을 걸고 있다
bookshelf 책장	· installing a **bookshelf** 　책장을 설치하고 있다 · stored on a **bookshelf** 　책장에 보관되어 있다	**instrument** 악기	· Some musical **instruments** are 　set up. 악기들이 설치되어 있다. · playing **instruments** 　악기를 연주하고 있다

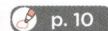

[01-05] 다음을 듣고 알맞은 것끼리 짝을 맞춰 연결하세요.

01. stopped •   • is hanging

02. a bridge •   • have been planted

03. boarding •   • crosses

04. clothing •   • a train

05. some bushes •   • at a traffic light

실전 문제 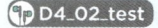 D4_02_test 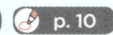 p. 10

A 다음을 듣고 사진을 가장 적절히 묘사한 보기를 고르세요.

01.

(A)   (B)

02.

(A)   (B)

B 문제를 다시 듣고 빈칸을 채우세요.

01. (A) A man is using a _____

_____.

(B) A man is looking at a _____

_____.

02. (A) A train is stopped at a

_____.

(B) Some train tracks are being

_____.

DAY 05 PART 1

실력 쌓기

실제 시험장에서 Part 1 문제를 풀 때와 동일한 방법을 익히고 연습해야 실전 감각을 향상시킬 수 있습니다. 보기를 듣기 전 그리고 들으면서 무엇을 해야 하는지를 익히고, 이를 적용해 보는 연습을 반복함으로써 Part 1 문제에 대비해 봅시다.

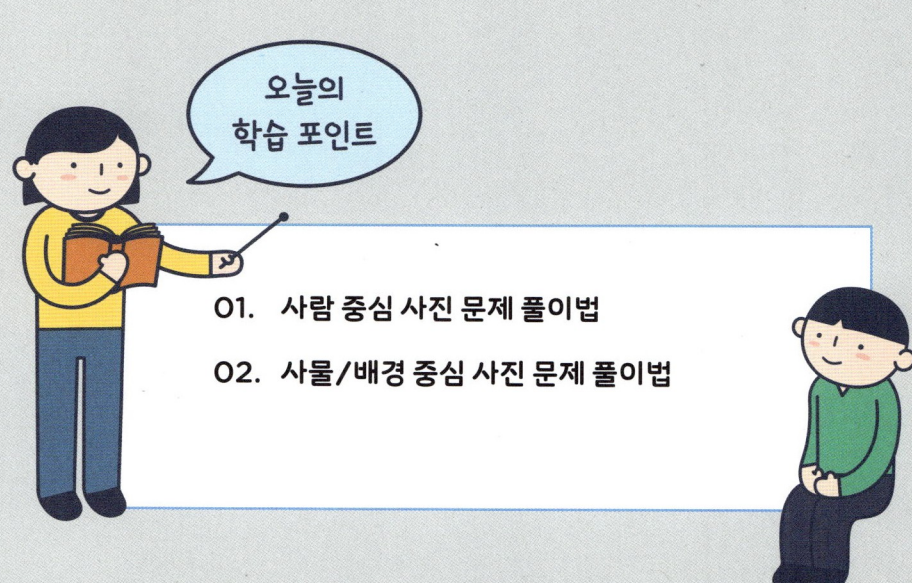

오늘의
학습 포인트

01. 사람 중심 사진 문제 풀이법

02. 사물/배경 중심 사진 문제 풀이법

사람 중심 사진 문제 풀이법

1 핵심 전략 확인

Step 1 듣기 전 사진 확인하기

듣기 전에 미리 사진을 보며 사람이 어떤 자세나 동작을 취하고 있는지, 어떤 장소에 있는지, 주변에 어떤 사물이 있는지 간단히 확인해요.

📮 확인 사항 예시

자세	□ 서 있다　　□ 앉아 있다　　□ 굽히고 있다　　□ 꿇고 앉아 있다　　□ 기대고 서 있다
동작	□ 물건을 쥐고 있다　　□ 키보드를 치고 있다　　□ 무언가를 가리키고 있다　　□ ~을 향해 손을 뻗고 있다 □ 걸어가고 있다　　□ 길을 건너고 있다　　□ 컵에 따르고 있다　　□ 바닥을 쓸고 있다　　□ 무언가를 밀고 있다
장소	□ 거리　　□ 사무실　　□ 강가　　□ 도서관　　□ 상점　　□ 식당　　□ 박물관　　□ 극장　　□ 건설 현장 □ 정원　　□ 역
사물	□ 의류　　□ 차량　　□ 책상　　□ 폴더　　□ 다리　　□ 쟁반　　□ 책장　　□ 컵　　□ 보트　　□ 가방　　□ 수레

Step 2 들으면서 정답/오답 가리기

보기 중 사진에서 확인한 동작과 일치하지 않거나 사진에 보이지 않는 사물 표현이 들리면 바로 소거해요. 사진과 일치하는 보기가 들리면 살짝 표시해 두었다가 보기 (D)까지 듣고 오답을 모두 소거한 후 정답으로 체크해요.

2 핵심 전략 적용

DAY 05 PART 1

Step 1 듣기 전 사진 확인하기

자세 ☑앉아 있다

동작 ☑키보드를 치고 있다

장소 ☑사무실

사물 ☑책상 ☑의자 ☑문서 ☑노트북 컴퓨터
☑커피포트 ☑프린터기

Step 2 들으면서 정답/오답 가리기

(A) A man is standing near a door. ⟶ standing (X) / door (X)
남자가 문 근처에서 서 있다.
→ 책상에 앉아 있고 사진에 문이 보이지 않으므로 오답으로 소거해요.

(B) A man is typing on a keyboard. ⟶ typing (O) / keyboard (O)
남자가 키보드를 치고 있다.
→ 노트북 컴퓨터 키보드를 치고 있는 모습을 정확히 묘사했으므로 정답이에요.

(C) A man is sitting on steps. ⟶ on steps (X)
남자가 계단 위에 앉아 있다.
→ 계단이 아닌 책상 앞 의자에 앉아 있으므로 오답으로 소거해요.

(D) A man is reading a document. ⟶ reading (X)
남자가 문서를 읽고 있다.
→ 책상 위에 문서들이 있으나, 시선이 노트북 컴퓨터를 향해 있으므로 오답으로 소거해요.

[01-04] 위 사진과 일치하는 영어 표현을 고르세요.

01. ⓐ He is   ⓑ A woman is

02. ⓐ standing at a counter   ⓑ sitting on a chair

03. ⓐ pouring coffee   ⓑ drinking from a cup

04. ⓐ holding a cup   ⓑ carrying a tray

[05-08] 다음을 듣고 위 사진을 올바르게 묘사했으면 O, 그렇지 않으면 X에 표시하세요.

05. ⓞ ǀ ⓧ

06. ⓞ ǀ ⓧ

07. ⓞ ǀ ⓧ

08. ⓞ ǀ ⓧ

A   다음을 듣고 사진을 가장 적절히 묘사한 보기를 고르세요.

01.

(A)   (B)   (C)   (D)

02.

(A)   (B)   (C)   (D)

B   문제를 다시 듣고 빈칸을 채우세요.

01.   (A) A woman is _____ a _____.

        (B) A woman is _____ a _____.

        (C) A woman is _____ up some _____.

        (D) A woman is _____ a _____.

02.   (A) A man is _____ safety _____.

        (B) A man is _____ a _____.

        (C) A man is _____ on a _____.

        (D) A man is _____ a _____.

02 사물/배경 중심 사진 문제 풀이법

1 핵심 전략 확인

Step 1 듣기 전 사진 확인하기

듣기 전에 미리 사진을 보며 장소와 배경, 어떤 사물이 있는지 그리고 그 사물의 위치와 상태는 어떠한지 간단히 확인해요.

📫 확인 사항 예시

장소	☐ 거리 ☐ 사무실 ☐ 강가 ☐ 도서관 ☐ 상점 ☐ 식당 ☐ 박물관 ☐ 극장 ☐ 건설 현장 ☐ 정원 ☐ 역
사물	☐ 책상 ☐ 의자 ☐ 노트북 컴퓨터 ☐ 서랍 ☐ 캐비닛 ☐ 전화기 ☐ 폴더 ☐ 화분 ☐ 식탁 ☐ 컵 ☐ 접시 ☐ 조명 ☐ 메뉴 ☐ 음식 ☐ 액자 ☐ 신호등 ☐ 울타리 ☐ 나무 ☐ 차량
사물의 위치	☐ 위 ☐ 아래 ☐ 옆 ☐ 앞 ☐ 뒤
사물의 상태	☐ 열려 있음 ☐ 닫혀 있음 ☐ 비어 있음 ☐ 차 있음 ☐ 놓여 있음 ☐ 진열되어 있음

Step 2 들으면서 정답/오답 가리기

사람 중심 사진과는 달리 사물이 주어이므로 각 보기의 첫 단어를 주의해서 잘 들어야 해요. 보기 중 사진에 보이지 않는 사물이나 사진에서 확인한 사물의 위치/상태와 일치하지 않는 표현이 들리면 바로 소거해요. 사진과 일치하는 보기가 들리면 살짝 표시해 두었다가 보기 (D)까지 듣고 오답을 모두 소거한 후 정답으로 체크해요.

2 핵심 전략 적용

DAY 05 PART1

Step 1 듣기 전 사진 확인하기

장소 ☑사무실

사물 ☑책상 ☑의자 ☑컴퓨터 ☑서랍
☑캐비닛 ☑폴더 ☑화분

사물의 위치 ☑책상 위에 컴퓨터가 있음
☑책상 아래에 서랍이 있음
☑책상 옆에 캐비닛이 있음
☑캐비닛 위에 폴더와 화분이 있음

사물의 상태 ☑캐비닛이 열려 있음 ☑서랍이 닫혀 있음
☑의자가 비어 있음

Step 2 들으면서 정답/오답 가리기

(A) A chair is occupied.
의자가 비어 있지 않다.

→ occupied (X)
→ 의자가 비어 있으므로 오답으로 소거해요.

(B) A painting is hanging on a wall.
그림이 벽에 걸려 있다.

→ painting (X)
→ 그림이 보이지 않으므로 오답으로 소거해요.

(C) A computer is arranged on a desk.
컴퓨터가 책상 위에 놓여 있다.

→ computer (O) / arranged on a desk (O)
→ 컴퓨터가 책상 위에 놓여 있는 모습을 정확히 묘사했으므로 정답이
에요.

(D) A drawer has been opened.
서랍이 열려 있다.

→ opened (X)
→ 서랍이 모두 닫혀 있으므로 오답으로 소거해요.

[01-04] 위 사진과 일치하는 영어 표현을 고르세요.

01. ⓐ Lights are hanging.　　　ⓑ Lights are on the table.

02. ⓐ A table is set.　　　ⓑ Some tables are arranged.

03. ⓐ Seats are occupied.　　　ⓑ Seats are unoccupied.

04. ⓐ Some plates are filled.　　　ⓑ Some plates are placed.

[05-08] 다음을 듣고 위 사진을 올바르게 묘사했으면 O, 그렇지 않으면 X에 표시하세요.

05. ⓞ ｜ ⓧ

06. ⓞ ｜ ⓧ

07. ⓞ ｜ ⓧ

08. ⓞ ｜ ⓧ

A 다음을 듣고 사진을 가장 적절히 묘사한 보기를 고르세요.

01.

(A)　　　　(B)　　　　(C)　　　　(D)

02.

(A)　　　　(B)　　　　(C)　　　　(D)

B 문제를 다시 듣고 빈칸을 채우세요.

01. (A) _____ are _____ at a traffic sign.

(B) Some _____ are set up _____.

(C) Some _____ are _____ along the street.

(D) _____ have been _____ in a corner.

02. (A) Some _____ are _____ a boat.

(B) A _____ has been _____ over a river.

(C) A _____ has _____ at a pier.

(D) A dock is _____ with _____.

듣기 기초 다지기

Part 2에서는 질문에 쓰인 어휘의 발음을 이용하여 오답으로 출제해요. 비슷한 발음을 가진 어휘 또는 발음은 똑같지만 의미는 다른 어휘를 써서 혼동을 주죠. 이러한 어휘들의 발음과 의미를 정확히 익히고, 문장을 들으면서 구별하는 연습을 통해 기초를 확실히 다져요.

오늘의
학습 포인트

01. 자음의 발음이 유사한 단어 구별

02. 형태와 발음이 모두 유사한 단어 구별

03. 발음이 똑같은 단어 구별

01 자음의 발음이 유사한 단어 구별

무엇을 배울까?

D6_01_1

Do you wear **formal** clothing at your workplace? 직장에서 정장을 입으시나요?

A **former** colleague.
이전 동료요.

'직장에서 정장(formal)을 입는지' 묻는 남자의 말에 여자가 '이전(former) 동료'라며 상황에 맞지 않는 말로 대답하고 있어요.

Part 2에서는 [l ㄹ]와 [r ㄹ] 발음처럼 발음이 유사한 자음이 들어간 어휘를 출제하여 오답을 고르도록 유도해요. 비슷하게 들리는 단어들의 정확한 발음과 의미를 익혀 보겠습니다.

📢 [l ㄹ] / [r ㄹ]
D6_01_2

load [로우드]	동 싣다		**l**ate [레이트]	형 늦은
road [뤄우드]	명 길, 도로		**r**ate [뤠이트]	명 비율, 요금 동 평가하다
low [로우]	형 낮은		**w**alk [워크]	동 걷다
row [뤄우]	명 열		**w**ork [월크]	동 일하다

📢 [n ㄴ] / [r ㄹ]
D6_01_3

need [니드]	동 필요로 하다		**n**ight [나이트]	명 밤
read [뤼드]	동 읽다		**r**ight [롸이트]	명 오른쪽 형 오른쪽의, 옳은

📢 [t ㅌ] / [s ㅅ]
D6_01_4

tell [텔]	동 말하다
sell [셀]	동 팔다

🔊 [fㅍ] / [pㅍ]

fast [패스트]	형 빠른
past [패스트]	형 지난 명 과거

fill [필]	동 채우다
pill [필]	명 알약

coffee [커피]	명 커피
copy [카피]	명 (한) 부[권] 동 복사하다

chief [취f프]	형 주된 명 우두머리, 장
cheap [치ㅍ]	형 (값이) 싼

🔊 [fㅍ] / [bㅂ] D6_01_6

find [파인드]	동 찾다
bind [바인드]	동 묶다

🔊 [fㅍ] / [hㅎ] D6_01_7

fold [f폴드]	동 접다
hold [홀드]	동 붙잡다, 열다

🔊 [bㅂ] / [vㅂ]

boat [보트]	명 배
vote [v보트]	명 투표 동 투표하다

best [베스트]	형 최고의
vest [v베스트]	명 조끼

🔊 [bㅂ] / [hㅎ] D6_01_9

bill [빌]	명 청구서
hill [힐]	명 언덕

[01-05] 다음을 듣고 발음이 일치하는 단어를 고르세요. (두 번 들려 줍니다.)

01.　ⓐ fast　　　　ⓑ past

02.　ⓐ bill　　　　ⓑ hill

03.　ⓐ load　　　　ⓑ road

04.　ⓐ boat　　　　ⓑ vote

05.　ⓐ coffee　　　ⓑ copy

[06-10] 다음 문장을 듣고 빈칸에 들어갈 알맞은 단어를 고르세요. (두 번 들려 줍니다.)

06.　Where do you _____ the event?

　　ⓐ hold　　　　ⓑ fold

07.　Can you _____ out this form?

　　ⓐ fill　　　　ⓑ pill

08.　You will find the subway station on your _____.

　　ⓐ night　　　　ⓑ right

09.　I usually _____ to the office.

　　ⓐ work　　　　ⓑ walk

10.　Please _____ him about the budget.

　　ⓐ tell　　　　ⓑ sell

A 다음을 듣고 질문에 가장 알맞은 답변을 고르세요.

01.   (A)   (B)

02.   (A)   (B)

B 문제를 다시 듣고 빈칸을 채우세요.

01.   Can you help _____ these boxes onto the truck?

(A) _____, I will be there soon.

(B) On Franklin _____.

02.   When do you want to _____ the party?

(A) Please _____ the paper in half.

(B) Next _____ at the latest.

무엇을 배울까?

D6_02_1

We will pay your **relocation** costs.
저희가 당신의 이전 비용을 지불해 드릴 거예요.

I opened a new **location**.
새 지점을 열었어요.

'이전(relocation) 비용을 지불할' 거라는 여자의 말에 남자가 '새 지점(location)을 열었다'며 상황에 맞지 않는 말로 대답하고 있어요.

Part 2에서는 'relocation/location'과 같이 형태가 앞/뒤만 조금씩 다른 어휘를 가지고 오답을 만들어 함정에 빠지게 해요. 이러한 어휘들을 살펴보겠습니다.

D6_02_2

form [폼]	몡 양식 통 형성하다	
perform [퍼r폼]	통 행하다, 공연하다	
cover [커버r]	몡 표지 통 덮다	
recover [뤼커버r]	통 회복하다	
review [뤼뷰]	몡 검토 통 검토하다	
interview [인터r뷰]	몡 면접 통 면접을 보다	
model [마들]	몡 모델, 모형	
remodel [뤼마들]	통 개조하다	
door [도어r]	몡 문	
indoor [인도어r]	혱 실내의	
sign [사인]	몡 표지판, 간판 통 서명하다	
design [디자인]	몡 설계 통 설계하다	

de**partment** [디파r트먼트]	몡 부서	
a**partment** [어파r트먼트]	몡 아파트	
intern [인턴]	몡 인턴	
Internet [인터r넷]	몡 인터넷	
news [뉴스]	몡 뉴스	
newsletter [뉴스레터(러)]	몡 소식지	
round [롸운드]	혱 둥근 몡 한 차례	
a**round** [어롸운드]	젼 ~ 주위에 뷔 약, 쯤	
shop [샵]	몡 가게	
work**shop** [워r크샵]	몡 워크숍	
in**spect** [인스펙트]	통 조사하다	
ex**pect** [익스펙트]	통 기대하다, 예상하다	

연습 문제

D6_02_practice　p. 17

[01-05] 다음을 듣고 발음이 일치하는 단어를 고르세요. (두 번 들려 줍니다.)

01. ⓐ sign　　　ⓑ design

02. ⓐ intern　　ⓑ Internet

03. ⓐ news　　　ⓑ newsletter

04. ⓐ model　　ⓑ remodel

05. ⓐ shop　　　ⓑ workshop

[06-10] 다음 문장을 듣고 빈칸에 들어갈 알맞은 단어를 고르세요. (두 번 들려 줍니다.)

06. Will you sign this _____?

　　ⓐ perform　　ⓑ form

07. How do you like this book _____?

　　ⓐ cover　　　ⓑ recover

08. When is your job _____?

　　ⓐ review　　　ⓑ interview

09. There is a vending machine _____ the corner.

　　ⓐ round　　　ⓑ around

10. Does it have an _____ pool?

　　ⓐ indoor　　ⓑ door

A　다음을 듣고 질문에 가장 알맞은 답변을 고르세요.

01.　(A)　　　　(B)

02.　(A)　　　　(B)

B　문제를 다시 듣고 빈칸을 채우세요.

01.　Which company will _____ the branch office?

　　(A) _____, it's not a new _____.

　　(B) Maybe C&T _____.

02.　When will the band _____ at the concert hall?

　　(A) Fill out the _____.

　　(B) On _____ afternoon and _____ night.

무엇을 배울까?

🎧 D6_03_1

You played an important **role**.
중요한 역할을 하셨어요.

I ordered a **roll** of carpet.
말아놓은 카펫 하나를 주문했어요.

'중요한 역할(role)을 했다'는 남자의 말에 여자가 '카펫 한 롤(roll)을 주문했다'며 발음이 똑같은 단어를 이용해 엉뚱한 대답을 하고 있어요.

우리말의 '말(동물/언어)'과 같이 영어에도 발음은 똑같지만 전혀 다른 의미를 가지고 있어 상황 또는 문장 속에서 그 의미를 파악해야 하는 어휘들이 있어요. 어떤 단어들이 있는지 살펴보겠습니다.

🎧 D6_03_2

hear [히어ㄹ]	동 듣다	
here [히어ㄹ]	부 여기	
sale [세일]	명 판매, 할인 판매	
sail [세일]	동 항해하다	
meet [미트]	동 만나다	
meat [미트]	명 고기	
buy [바이]	동 사다	
by [바이]	전 ~ 옆에, ~에 의해서, ~까지	
hour [아우어ㄹ]	명 시간	
our [아우어ㄹ]	대 우리의	
wait [웨이트]	동 기다리다	
weight [웨이트]	명 무게, 체중	

write [롸이트]	동 쓰다	
right [롸이트]	형 오른쪽의, 옳은 명 오른쪽	
fare [페어ㄹ]	명 요금	
fair [페어ㄹ]	명 시장, 박람회	
flour [f플라우어ㄹ]	명 밀가루	
flower [f플라우어ㄹ]	명 꽃	
wear [웨어ㄹ]	동 입다, 착용하다	
where [웨어ㄹ]	부 어디에 접 ~한 곳	
higher [하이어ㄹ]	형 더 높은	
hire [하이어ㄹ]	동 고용하다	
week [위크]	명 주	
weak [위크]	형 약한	

연습 문제

[01-10] 다음 문장을 듣고 의미에 유의하여 빈칸에 들어갈 알맞은 단어를 고르세요. (두 번 들려 줍니다.)

01. You can put that box _____.

ⓐ hear   ⓑ here

02. I ordered a 20-kilogram bag of _____.

ⓐ flour   ⓑ flower

03. He will join a job _____ at Hogan University.

ⓐ fare   ⓑ fair

04. Sorry, this is not for _____.

ⓐ sale   ⓑ sail

05. Do you want to _____ him tomorrow?

ⓐ meet   ⓑ meat

06. Please _____ down your name.

ⓐ write   ⓑ right

07. Should we _____ more truck drivers?

ⓐ higher   ⓑ hire

08. I don't know _____ the form is.

ⓐ wear   ⓑ where

09. You should come one _____ earlier.

ⓐ hour   ⓑ our

10. I will _____ the red one.

ⓐ buy   ⓑ by

A 다음을 듣고 질문에 가장 알맞은 답변을 고르세요.

01.   (A)   (B)

02.   (A)   (B)

B 문제를 다시 듣고 빈칸을 채우세요.

01. Are we going to _____ Bahama's Grill?

(A) _____, everybody _____ their food.

(B) It was _____ than before.

02. Do we need to work extra during the _____ event?

(A) I like to _____.

(B) _____, we will hire more temporary _____.

DAY 07

유형 익히기 (1)
- 의문사 의문문

Part 2에서는 의문사 의문문이 가장 많이 출제돼요. 각 의문문의 특징과 정답으로 가능한 표현, 그리고 무조건 오답인 표현(Yes/No 답변)을 익혀서 빠르고 정확하게 문제를 풀 수 있도록 해야 해요.

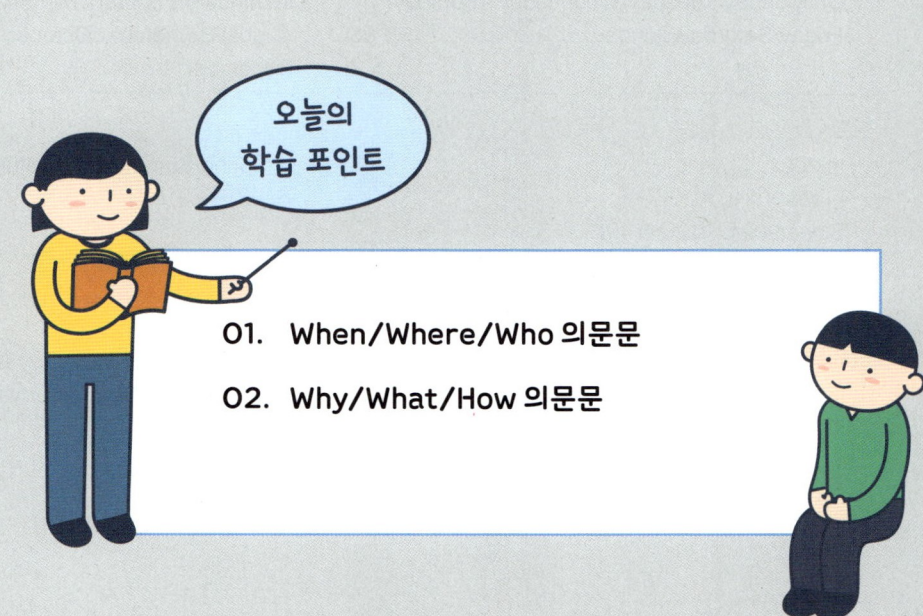

오늘의
학습 포인트

01 When/Where/Who 의문문

무엇을 배울까?

🎧 D7_01_1

When does this store open on weekdays?
이 가게는 평일에 언제 여나요?

여자가 의문사 When을 사용하여 개점 시각을 묻자 남자가 시간 표현으로 답하고 있어요.

먼저 When/Where/Who 의문문의 정답 표현을 알아보겠습니다.

Usually at **10 A.M.**
보통 오전 열 시에요.

---

1 시점을 물어보는 When 의문문 정답 표현

🎧 D7_01_2

When 의문문은 특정 상황이나 행동의 발생 시점이 언제인지를 묻는 질문으로, 시간을 나타내는 표현이 정답이에요.

시/분/초	정오/자정/오전/오후
· In an hour. 한 시간 후에요. · At 5 A.M./P.M. 오전/오후 5시에요. · In five minutes. 5분 후에요. · In ten seconds. 10초 후에요.	· At noon. 정오에요. · At midnight. 자정에요. · In the morning. 아침에요. · In the afternoon. 오후에요.
요일	월
· On Monday/Tuesday/Wednesday/Thursday/ Friday/Saturday/Sunday. 월/화/수/목/금/토/일요일에요.	· In January/February/March/April/May/June/July/ August/September/October/November/ December. 1/2/3/4/5/6/7/8/9/10/11/12월에요.
연도	계절
· In 2021. 2021년에요. · From 2021. 2021년부터요. · Since 2021. 2021년 이래로요.	· In Spring/Summer/Fall[Autumn]/Winter. 봄/여름/가을/겨울에요.
기타 시간 표현	

· after/before ~ 전에/~ 후에　　· ago ~ 전에　　　· until ~까지
· yesterday/today/tomorrow 어제/오늘/내일　　· this week/month/quarter/year 이번 주/달/분기/연도
· last week/month/quarter/year 지난주/달/분기/연도　　· next week/month/quarter/year 다음 주/달/분기/연도

2 장소를 물어보는 Where 의문문 정답 표현

D7_01_3

Where 의문문은 특정 상황이나 행동의 발생 장소가 어디인지 묻거나 특정 장소의 위치를 묻는 질문으로, 장소를 나타내는 표현이 정답이에요.

거리/도로	도시/주/나라
· On Main Street. Main 거리에서요. · On Chestnut Avenue. Chestnut 가에서요. · On Benjamin Highway. Benjamin 고속도로에서요.	· In Chicago. 시카고에서요. · In California. 캘리포니아에서요. · In China. 중국에서요.
사무실/공간	층/건물
· In the conference room. 회의실에서요. · In the office supply closet. 사무용품 보관함 안에요. · Under the desk. 책상 아래에요. · Beside the elevator. 엘리베이터 옆에요. · Above a copy machine. 복사기 위에요. · By[Beside/Next to] the door. 문 옆에요.	· On the second floor. 2층에서요. · In the basement. 지하실에서요. · In the lobby. 로비에서요. · At the reception desk. 안내 데스크에서요. · Around the building. 건물 근처에서요.
여기/저기	왼쪽/오른쪽/가운데/맞은편
· Right here. 바로 여기에요. · Over there. 저기에요.	· To the left/right. 왼쪽으로/오른쪽으로요. · In the middle of the park. 공원 한가운데에서요. · Across from the park. 공원 건너편에요.

3 **누구인지 물어보는 Who 의문문 정답 표현**

Who 의문문은 특정 행동/활동/업무를 하는 사람이 누구인지 묻는 질문으로, 가장 많이 출제되는 정답 유형은 사람 이름이에요. 사람 이름 이외에도 직책명, 부서명, 대명사 등이 정답이 될 수 있어요.

사람 이름	회사명
· Mr. Chan/Ms. Smith/Prof. Jinaro/ Bill/Paul/Jack/Martha/Min-soo/Ito	· Greenhill Building Company Greenhill 건설회사 · Petunia Hotel Petunia 호텔 · Milani Restaurant Milani 식당

직업	부서
· journalist 기자 · driver 운전사 · accountant 회계사 · sales representative 영업사원 · graphic designer 시각 디자이너	· Sales 영업 · Accounting 회계 · Maintenance 시설관리 · R&D 연구개발 · Customer Service 고객서비스 · Public Relations 홍보 · Human Resources 인사

직책/직함	대명사
· marketing assistant 마케팅 담당 직원 · manager 부장, 경영자 · department head 부서장 · supervisor 관리자 · program coordinator 프로그램 코디네이터 · vice president 부회장 · director 임원, 이사 · chief executive 최고 경영자	· someone 누군가 · **We**'re still reviewing the data. 　저희는 여전히 자료를 검토 중이에요. · **I** will handle that. 제가 그것을 처리할게요. · That was **me**. 그건 저였어요.

A 다음 문장을 듣고 알맞은 의문사로 빈칸을 채우세요. (두 번 들려 줍니다.)

01. _____ did you buy this new notebook computer?

02. _____ will you leave the office?

03. _____ is the new department manager?

04. _____ can I get one of those maps?

05. _____ was working at the company booth yesterday?

06. _____ does the flower shop open on Saturdays?

B 위 질문에 대한 답변을 듣고 적절한 답변이면 O, 그렇지 않으면 X에 표시하세요.

01. ⓞ ı ⓧ

02. ⓞ ı ⓧ

03. ⓞ ı ⓧ

04. ⓞ ı ⓧ

05. ⓞ ı ⓧ

06. ⓞ ı ⓧ

A　다음을 듣고 질문에 가장 알맞은 답변을 고르세요.

01.　(A)　　　　(B)

02.　(A)　　　　(B)

B　문제를 다시 듣고 빈칸을 채우세요.

01.　_____ can I find disposable plates?

(A) _____, I'm _____.

(B) In the supply _____.

02.　_____ is presenting our proposal to the board members?

(A) The team _____, I think.

(B) Actually, it's a birthday _____.

02 Why/What/How 의문문

무엇을 배울까?

Why was the workshop canceled?
왜 워크숍이 취소되었나요?

남자가 의문사 Why를 사용하여 워크숍이 취소된 이유를 묻자 여자가 Because of 표현을 사용해서 그 이유를 답하고 있어요.

이번에는 Why/What/How 의문문의 정답 표현을 알아보 겠습니다.

Because of low attendance.
저조한 출석률 때문에요.

1 이유를 물어보는 Why 의문문 정답 표현

🎧 D7_02_2

이유를 묻는 Why 의문문에는 '~ 때문에'라는 의미의 because, because of, due to와 '~하기 위해서'라는 의미의 to부정 사(to + 동사원형), for가 정답 단서로 출제돼요.

~ 때문에	
· **Because** my car broke down. 제 차가 고장 났기 때문이에요. · **Because** I missed my bus. 버스를 놓쳤기 때문이에요. · **Because** some staff members are on vacation. 일부 직원들이 휴가를 갔기 때문이에요.	· **Because of[Due to]** road construction. 도로 공사 때문에요. · **Because of[Due to]** the bad weather. 안 좋은 날씨 때문에요. · **Because of[Due to]** the national holiday. 공휴일 때문에요.
~하기 위해서	
· **To start** a different job. 다른 일을 시작하기 위해서요. · **To pick** Richard up from the airport. 공항에서 Richard를 태워 오기 위해서요. · **To go** on a business trip. 출장을 가기 위해서요.	· **For** the street parade. 길거리 행진을 위해서요. · **For** some renovations. 개조를 위해서요.

2 구체적인 대상을 물어보는 What 의문문 정답 표현

What 의문문의 정답으로는 물건, 시간, 층수, 행사 등 아주 다양한 표현들이 출제돼요. What 뒤에 오는 명사에 따라서 정답이 달라지므로 그 명사를 주의 깊게 들으면 정답의 범위를 좁힐 수가 있어요.

What time ~ → 시간 정답 표현	What color ~ → 색깔 정답 표현
· After noon. 오후예요. · At 10 A.M. 오전 10시예요. · In half an hour. 30분 후예요. · Right after the meeting. 회의 직후예요.	· A blue one. 파란색이요. · Red and green, please. 빨간색과 초록색 주세요. · I want a yellow shirt. 저는 노란 셔츠를 원해요.
What department ~ → 부서 정답 표현	What floor ~ → 층수 정답 표현
· Accounting. 회계 부서요. · Marketing. 마케팅 부서요. · In the advertising. 광고 부서에서요. · In sales. 영업 부서에서요.	· On the second floor. 2층에서요. · It's on the basement. 지하실에 있어요.
What is the price/fee ~ → 가격 정답 표현	What is the weather ~ → 날씨 정답 표현
· Twenty dollars a month. 한 달에 20달러요. [참고] 통화별 기호 dollar: $ / euro: € / yen: ¥	· sunny/cloudy/windy 화창한/구름이 낀/바람이 부는 · It will be cold. 추울 거예요. · It's supposed to be rainy. 비가 온대요.

방법/의견/수량/가격 등을 물어보는 How 의문문 정답 표현　　　

How 의문문은 무엇을 묻는지에 따라 정답이 달라져요. 방법을 묻는 경우에는 교통수단, 지불수단, 통신수단 표현이 정답으로 출제되고, 의견을 묻는 경우에는 장점을 언급하는 긍정 표현 또는 단점을 언급하는 부정 표현이 정답으로 출제돼요. 수량/가격/기간/빈도를 묻는 경우에는 How 뒤에 오는 형용사/부사에 따라서 정답이 달라지므로 해당 형용사/부사를 주의 깊게 들으면 정답의 범위를 좁힐 수가 있어요.

방법을 묻는 경우: 어떻게 ~	
[교통수단] · By train/bus/taxi/plane. 기차/버스/택시/비행기로요. **[통신수단]** · By e-mail/phone/fax. 이메일/휴대폰/팩스로요. **[지불수단]** · By credit card/cash. 신용 카드/현금으로요.	**[명령문으로 방법 제시]** · Please take a hotel shuttle. 　호텔 셔틀버스를 타세요. · Send it by e-mail. 이메일로 보내세요. · Turn left at the intersection. 　교차로에서 좌회전하세요. · Download the application form. 　지원 양식을 내려받으세요.

의견을 묻는 경우: ~ 어떤가요?, ~ 어땠나요?	
[긍정] · I really enjoyed it. 정말 재미있었어요. · helpful/informative/impressive/delighted/satisfied /great 희망찬/유익한/인상적인/기쁜/만족한/훌륭한	**[부정]** · It was a little bit boring. 조금 지루했어요. · It was too crowded. 너무 붐볐어요.

수량을 묻는 경우(How many ~): 얼마나 많이 ~	가격을 묻는 경우(How much ~): 얼마, 어느 정도
· About a hundred. 약 100개요. · At least 10. 적어도 10개요.	· About 50 dollars a month. 한 달에 약 50달러요. · About 175 dollars. 대략 175달러요.

기간을 묻는 경우(How long ~): 얼마나 오래 ~	빈도를 묻는 경우(How often ~): 얼마나 자주 ~
· About 5 minutes/hours/days/months. 　대략 5분/시간/일/개월이요. · A ten-minute train ride. 기차로 10분 거리예요. · Four hours by train. 기차로 4시간이요.	· At least once a year. 적어도 일 년에 한 번이요. · A few times a day. 하루에 몇 번이요.

DAY 07
PART 2

A 다음 문장을 듣고 알맞은 의문사로 빈칸을 채우세요. (두 번 들려 줍니다.)

01. _____ much is this computer?

02. _____ was Ben late this morning?

03. _____ long will it take to upload the file?

04. _____ time is your workshop tomorrow?

05. _____ can't I access my online banking account?

06. _____ color do you want for this shirt?

B 위 질문에 대한 답변을 듣고 적절한 답변이면 O, 그렇지 않으면 X에 표시하세요.

01. ⓞ | ⓧ

02. ⓞ | ⓧ

03. ⓞ | ⓧ

04. ⓞ | ⓧ

05. ⓞ | ⓧ

06. ⓞ | ⓧ

A 다음을 듣고 질문에 가장 알맞은 답변을 고르세요.

01.   (A)   (B)

02.   (A)   (B)

B 문제를 다시 듣고 빈칸을 채우세요.

01.   _____ can I submit these travel expense receipts?

(A) You can send them _____ _____.

(B) Here is your parking _____.

02.   _____ was your train delayed?

(A) _____ _____ the engine problem.

(B) A two-week _____ session.

DAY 08 PART 2

유형 익히기 (2)
– 비의문사 의문문 ①

Part 2에서는 의문사가 쓰이지 않은 비의문사 의문문도 출제돼요. 이 중 일반 의문문, 부정 의문문, 부가 의문문은 Yes/No 답변이 가능하다는 공통점이 있어요. 각 의문문의 특징과 질문 형태를 익혀서 대비해요.

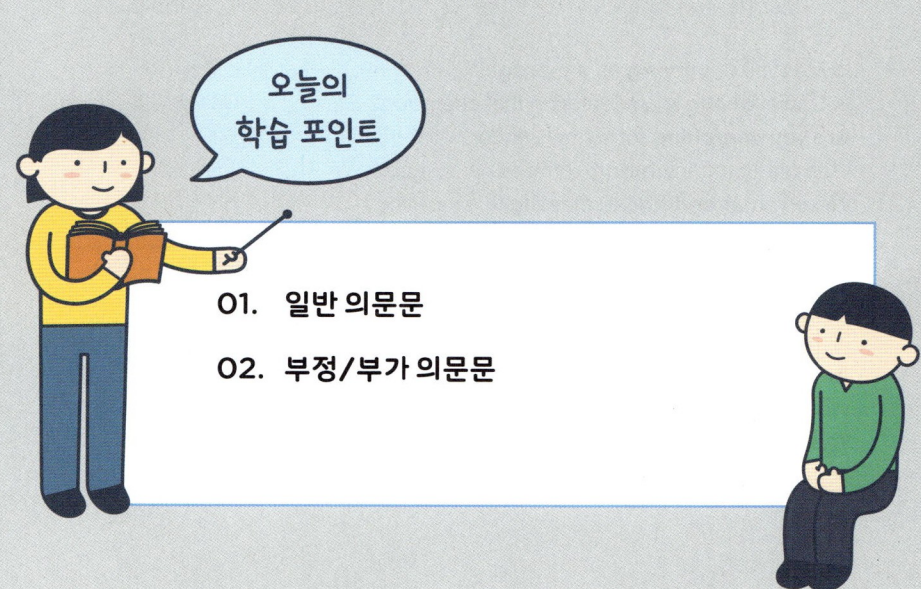

오늘의
학습 포인트

01 일반 의문문

🎧 D8_01_1

Is the back door locked?
뒷문이 잠겨 있나요?

Yes, during the weekend.
네, 주말 동안에는요.

여자가 be동사 Is를 사용하여 뒷문이 잠겨 있느냐고 묻자 남자가 Yes 표현을 사용해서 긍정의 대답을 하고 있어요.

평서문을 의문문으로 전환한 형태로서 Yes/No로 답할 수 있는 의문문을 일반 의문문이라고 하는데요. 일반 의문문의 종류와 그 특징을 살펴보겠습니다.

1 be동사 의문문

🎧 D8_01_2

'Is/Are/Was/Were ~'로 시작하는 be동사 의문문은 주어 뒤에 다양한 문장 구조가 올 수 있고, 그 구조에 따라 해석이 달라져요.

Is/Are/Was/Were ~ + 형용사: ~인가요?, ~였던가요?

· **Is** Mr. Wong **late** for dinner tonight? Wong 씨는 오늘 밤 저녁식사에 늦나요?
· **Are** you **available** for extra work this weekend? 이번 주말에 추가 근무가 가능하세요?
· **Was** the workshop very **informative**? 워크숍이 유익했나요?
· **Were** the sales **high** last month? 지난달에 매출이 높았나요?

Is/Are/Was/Were ~ + -ing: ~하는 중인가요?, ~할 건가요?, ~하던 중이었나요?

· **Is** Mr. Walker **serving** as a manager? Walker 씨는 관리자로 일하는 중인가요?
· **Is** Daniel **giving** a presentation this afternoon? Daniel이 오늘 오후에 발표할 건가요?
· **Are** you **searching** for a new vendor? 새로운 공급업체를 찾고 계신가요?
· **Was** our company **hiring** some extra workers? 우리 회사가 추가 직원들을 뽑고 있었나요?
· **Were** you **attending** the meeting this morning? 오늘 아침에 회의에 참석하고 계셨나요?

Is/Are/Was/Were ~ + p.p.: ~되었나요?

· **Is** she **nominated** for Employee of the Year? 그녀가 올해의 직원 후보로 지명되었나요?
· **Are** you **invited** to the awards ceremony? 시상식에 초대받으셨나요?
· **Was** the file **attached** to the e-mail? 이메일에 그 파일이 첨부되었나요?
· **Were** all flights **canceled** yesterday? 어제 모든 항공편이 취소되었나요?

Yes,
네,

No,
아니요,

2 일반동사 의문문

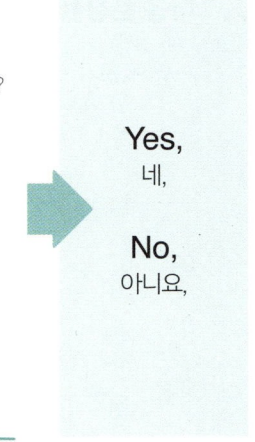

① Do/Does/Did 의문문: Do/Does/Did 뒤에 '주어 + 동사원형'이 오는 형태예요. Do/Does는 '~하나요?', Did는 '~했나요?'라고 물어요.

- **Do** you subscribe to this magazine? 이 잡지를 구독하시나요?
- **Do** the managers hold a weekly meeting? 관리자들이 주간 회의를 여나요?
- **Do** the shipping companies offer express delivery? 배송 회사들이 급행 배송을 제공하나요?

- **Does** he work in the accounting department? 그는 회계부서에서 일하나요?
- **Does** Ms. Cosby need to get permission to use a company car?
  Cosby 씨가 회사 차를 사용하려면 허가를 받아야 하나요?
- **Does** this center have an indoor pool? 이 센터에는 실내 수영장이 있나요?

- **Did** you lead a workshop? 워크숍을 이끄셨나요?
- **Did** Mr. Harris send the invoice? Harris 씨가 청구서를 보냈나요?
- **Did** the restaurant have lunch specials? 그 식당은 점심 특선이 있나요?

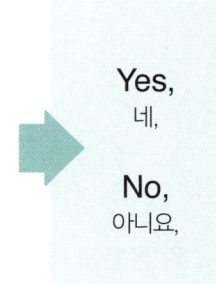

Yes,
네,

No,
아니요,

② Have/Has 의문문: Have/Has 뒤에 '주어 + p.p.'가 오는 형태예요. '~한 적이 있나요?'라고 특정 행동을 해 본 경험이 있는지 묻거나 '이미 ~했나요?'라고 특정 행동을 마쳤는지 물어요.

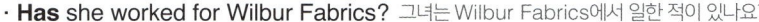

- **Have** you updated your computer? 컴퓨터를 업데이트하셨나요?
- **Have** the team members met the new manager? 팀원들이 새로운 관리자를 만났나요?
- **Have** all departments submitted their expense reports?
  모든 부서가 지출 품의서를 제출했나요?

- **Has** she worked for Wilbur Fabrics? 그녀는 Wilbur Fabrics에서 일한 적이 있나요?
- **Has** Mr. Wilson purchased a used car? Wilson 씨가 중고차를 구입했나요?
- **Has** the restaurant received today's shipment? 그 식당은 오늘 선적분을 받았나요?

Yes,
네,

No,
아니요,

A 다음 문장을 듣고 빈칸에 들어갈 알맞은 단어를 보기에서 찾아 쓰세요. (두 번 들려 줍니다.)

> 보기
>
> 　　　　　　　Is　　Are　　Was　　Were
> 　　Do　　Does　　Did　　Have　　Has

01. ＿＿＿＿＿＿＿ you check the e-mail from the HR Department?

02. ＿＿＿＿＿＿＿ Mr. Johnson arriving on time at the airport?

03. ＿＿＿＿＿＿＿ you purchased a ticket for the game?

04. ＿＿＿＿＿＿＿ you work the morning shift?

05. ＿＿＿＿＿＿＿ you free to restock the shelves?

06. ＿＿＿＿＿＿＿ you tried the new special at Harman's Sandwiches?

B 위 질문에 대한 답변을 듣고 적절한 답변이면 O, 그렇지 않으면 X에 표시하세요.

01. ◎ ｜ ⓧ

02. ◎ ｜ ⓧ

03. ◎ ｜ ⓧ

04. ◎ ｜ ⓧ

05. ◎ ｜ ⓧ

06. ◎ ｜ ⓧ

실전 문제

D8_01_test p. 24

A 다음을 듣고 질문에 가장 알맞은 답변을 고르세요.

01. (A)   (B)

02. (A)   (B)

B 문제를 다시 듣고 빈칸을 채우세요.

01. Have you _____ my proposal?

(A) _____, I was too _____.

(B) The room has a nice _____.

02. Did you _____ the additional file folders last week?

(A) _____, they will be _____ tomorrow.

(B) For the past five _____.

Didn't you join the weekly meeting?
주간 회의에 참석하지 않으셨나요?

No, I didn't.
아니요, 참석하지 않았어요.

여자가 부정어 Didn't를 사용해서 주간 회의에 참석하지 않았느냐고 묻자 남자가 No, 즉 참석하지 않았다고 답하고 있어요.

No라고 대답하는 것이 어색하지 않나요? '네, 참석하지 않았어요.'라고 해야 할 것 같은데요. 이번에는 부정 의문문과 부가 의문문의 특징, 그리고 우리말과는 조금 다른 Yes/No 답변의 쓰임을 살펴보겠습니다.

1 부정 의문문

🎧 D8_02_2

일반 의문문에 '아니다'라는 의미의 'not'을 붙인 것이 부정 의문문인데, 보통 Isn't, Don't, Haven't 같은 축약형으로 출제돼요. 우리말로는 '~하지 않나요?', '~하지 않았나요?'라고 물어요. 부정 의문문에 Yes/No로 답할 때는 질문의 부정어를 의식하지 말아야 해요. 예를 들어, '구독하지 않느냐'고 물었을 때 '않느냐고'는 신경 쓰지 말고 구독하면 '네, 구독해요.', 구독 안 하면 '아니요, 구독하지 않아요.'라고 답해요.

· **Isn't** Mr. Wong serving as a manager? Wong 씨가 관리자로 일하지 않나요?
· **Aren't** you available for extra work this weekend?
  당신은 이번 주말에 추가 근무가 가능하지 않나요?
· **Wasn't** the file attached to the e-mail? 이메일에 파일이 첨부되지 않았나요?
· **Weren't** the sales high last month? 지난달에 매출이 높지 않았나요?

· **Don't** you subscribe to this magazine? 이 잡지를 구독하지 않으시나요?
· **Doesn't** he work in the accounting department? 그가 회계 부서에서 일하지 않나요?
· **Didn't** you lead a workshop? 워크숍을 이끌지 않으셨나요?

· **Haven't** you updated your computer? 컴퓨터를 업데이트하지 않으셨나요?
· **Hasn't** she worked for Wilbur Fabrics? 그녀가 Wilbur Fabrics에서 일하지 않았나요?

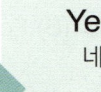

Yes,
네,

No,
아니요,

2 부가 의문문

부가 의문문은 평서문 뒤에 의문문을 덧붙인 형태예요. 앞의 평서문이 긍정문이면 부정의 부가 의문문을, 부정 평서문이면 긍정의 부가 의문문을 덧붙여요. 부가 의문문은 주로 상대방에게 동의를 구하거나 확인을 요청하는 경우에 사용해요. Yes/No 답변도 부정 의문문과 마찬가지로 뒤에 부가 표현이 없다고 생각하고 긍정이면 Yes, 부정이면 No라고 답해요.

긍정 평서문 + 부정 부가 의문문

- Mr. Thompson is a member of Dolton Writer's Club, **isn't he**?
  Thompson 씨는 Dolton 작가 클럽 회원이죠, 그렇지 않나요?
- It was rainy yesterday, **wasn't it**? 어제 비가 내렸죠, 그렇지 않나요?
- You usually order your groceries online, **don't you**?
  보통 식료품을 온라인으로 주문하시죠, 그렇지 않나요?
- You visited the London branch office, **didn't you**?
  런던 지사를 방문하셨죠, 그렇지 않나요?
- Ms. Harris will take a summer vacation next week, **won't she**?
  Harris 씨가 다음 주에 여름휴가를 갈 거죠, 그렇지 않나요?
- You can operate this forklift, **can't you**?
  이 지게차를 작동하실 수 있죠, 그렇지 않나요?

부정 평서문 + 긍정 부가 의문문

- You aren't available this afternoon, **are you**? 오늘 오후에 시간이 없으시죠, 그렇죠?
- It wasn't that humid this morning, **was it**? 오늘 아침은 그렇게 습하지 않았죠, 그렇죠?
- You don't drive to work, **do you**? 직장에 운전해서 가지 않으시죠, 그렇죠?
- She hasn't contacted us, **has she**? 그녀는 우리에게 연락하지 않았죠, 그렇죠?
- Mr. Tran won't attend the weekly meeting, **will he**?
  Tran 씨는 주간 회의에 참석하지 않을 거죠, 그렇죠?
- You can't use a company car without approval, **can you**?
  허가 없이 회사 차량을 사용하실 수 없죠, 그렇죠?

Yes,
네,

No,
아니요,

PART 2
DAY 08

A 다음 문장을 듣고 빈칸에 들어갈 알맞은 단어를 보기에서 찾아 쓰세요. (두 번 들려 줍니다.)

> • 보기 •
>
> don't   didn't   isn't   aren't
>
> wasn't   haven't   won't   can't

01. You will leave for the Chicago Trade Fair tomorrow, _____ you?

02. _____ you buy tickets for the annual fundraising banquet?

03. The printer is out of order, _____ it?

04. _____ you coming to the lunch with us?

B 위 질문에 대한 답변을 듣고 적절한 답변이면 O, 그렇지 않으면 X에 표시하세요.

01. ⓞ ｜ ⓧ

02. ⓞ ｜ ⓧ

03. ⓞ ｜ ⓧ

04. ⓞ ｜ ⓧ

A 다음을 듣고 질문에 가장 알맞은 답변을 고르세요.

01. (A) (B)

02. (A) (B)

B 문제를 다시 듣고 빈칸을 채우세요.

01. Weren't you _____ this computer?

(A) _____, I've just _____ with that.

(B) She is _____ a large one.

02. You _____ the printing shop, didn't you?

(A) A copy of the signed _____.

(B) _____, I _____ yesterday.

유형 익히기 (3)
– 비의문사 의문문 ②, 평서문, 간접 정답 표현

계속해서 Part 2 질문 유형의 특징과 정답 표현을 익혀서 대비해요. Part 2에서는 대부분의 질문 유형에 대한 답변이 될 수 있는 간접 정답 표현이 출제되는데, 이런 표현들을 익혀 두면 문제를 쉽고 빠르게 해결할 수 있어요.

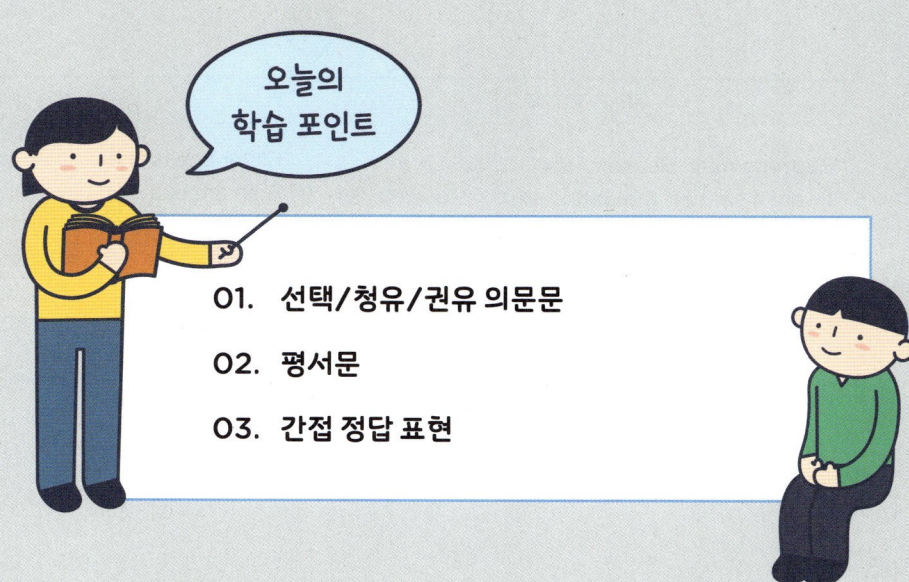

오늘의
학습 포인트

01. 선택/청유/권유 의문문

02. 평서문

03. 간접 정답 표현

01 선택/청유/권유 의문문

What would you like to drink, **coffee or tea**?
커피와 차 중 무엇을 드시고 싶으세요?

Coffee, please.
커피 주세요.

남자가 or 표현을 사용해서 마실 것으로 커피와 차를 제시하자 여자가 coffee를 선택하고 있어요.

선택 의문문과 청유/권유 의문문은 비교적 정답 패턴이 정해져 있어요. 각 의문문의 특징과 빈출 정답 표현을 알아보겠습니다.

1 선택 의문문

🎧 D9_01_2

선택 의문문은 두 개 이상의 선택지 중 어느 것을 원하는지 물어요. '또는'이라는 의미의 or가 사용되는 것이 가장 큰 특징이에요. 정답은 주로 질문에서 제시한 선택지 중 하나를 택하거나, 아무거나 상관없다 혹은 둘 다 싫다는 패턴이에요.

· Do you want to send it by regular **or** express mail? 보통 우편으로 보내시겠습니까, 아니면 특급 우편으로 보내시겠습니까?
· Would you like to be seated inside **or** on the patio? 안쪽에 앉고 싶으세요, 아니면 테라스에 앉고 싶으세요?
· Should I order sandwiches for the lunch meeting **or** pizzas?
  점심 회의를 위해 샌드위치를 주문할까요, 아니면 피자를 주문할까요?
· Is the workshop session 50 minutes **or** an hour? 워크숍 세션이 50분인가요, 아니면 한 시간인가요?
· Will you be paying with cash **or** credit card? 현금으로 지불하실 건가요, 아니면 신용 카드로 지불하실 건가요?

A와 B 중 선택	아무거나 상관없다
· **Express mail**, please. 특급 우편으로요. · I want a seat **on the patio**. 저는 테라스에 앉고 싶어요. · **Pizzas** would be better. 피자가 더 좋겠어요. · **50 minutes** with a 10-minute break. 50분에 10분 휴식이요. · Here is my **credit card**. 여기 제 신용 카드요.	· Either one is fine. 아무거나 좋아요. · Both are okay. 둘 다 괜찮아요.
	둘 다 싫다
	· Neither. 둘 다 아니에요.

2 청유/권유 의문문

상대방에게 요청/부탁하는 청유 의문문은 'Would you ~', 'Can/Could you ~' 형태가 대표적이고, 무엇을 하도록 권하는 권유 의문문은 'Why don't you/we ~', 'Would you like ~' 형태가 대표적이에요. 보통 승낙 또는 거절하는 표현이 정답이에요.

Would you ~: ~해 주시겠어요?	Can/Could you ~: ~해 주시겠어요?
· **Would you** pick up the order for me? 주문 좀 받아 주시겠어요? · **Would you** order the printing paper online? 온라인으로 인쇄용지를 주문해 주시겠어요?	· **Can you** send the schedule to me? 저에게 일정을 보내 주시겠어요? · **Could you** review my proposal today? 오늘 제 제안서를 검토해 주시겠어요?
Why don't you/we ~: ~하는 게 어때요?	Would you like ~: ~하시겠어요?
· **Why don't you** take a taxi? 택시를 타시는 게 어때요? · **Why don't you** update the software? 소프트웨어를 업데이트하시는 게 어때요? · **Why don't we** have a dinner at a new restaurant? 새로 생긴 식당에서 저녁을 먹는 게 어때요?	· **Would you like** some drinks? 음료 좀 드시겠어요? · **Would you like** to sit outside? 바깥에 앉으시겠어요?

승낙의 표현	거절의 표현
· Yes/Sure/Of course/Okay/Certainly. 네/물론이에요/좋아요/그럼요. · I would love to/I'd be happy to/I'd like that. 그러고 싶어요/기꺼이 그럴게요/그렇게 하고 싶어요. · That's a great idea. 좋은 생각이네요.	· No, thank you. 아니요, 괜찮습니다. · Sorry. 죄송해요. · I don't think so. 저는 그렇게 생각하지 않아요.

연습 문제

D9_01_practice p. 27

[01-05] 다음을 듣고 알맞은 질문 유형을 고르세요.

01. ⓐ 선택 의문문   ⓑ 청유 의문문   ⓒ 권유 의문문

02. ⓐ 선택 의문문   ⓑ 청유 의문문   ⓒ 권유 의문문

03. ⓐ 선택 의문문   ⓑ 청유 의문문   ⓒ 권유 의문문

04. ⓐ 선택 의문문   ⓑ 청유 의문문   ⓒ 권유 의문문

05. ⓐ 선택 의문문   ⓑ 청유 의문문   ⓒ 권유 의문문

[06-10] 다음을 듣고 승낙의 표현인지, 거절의 표현인지 고르세요.

06. ⓐ 승낙   ⓑ 거절

07. ⓐ 승낙   ⓑ 거절

08. ⓐ 승낙   ⓑ 거절

09. ⓐ 승낙   ⓑ 거절

10. ⓐ 승낙   ⓑ 거절

A   다음을 듣고 질문에 가장 알맞은 답변을 고르세요.

01.   (A)   (B)

02.   (A)   (B)

B   문제를 다시 듣고 빈칸을 채우세요.

01.   Should we take a _____ flight _____ a night one?

     (A) I prefer a _____ one.

     (B) It's _____ beside Hudson River.

02.   _____ _____ like to _____ lunch with us?

     (A) A _____ meeting with clients.

     (B) _____, thanks. I have another _____.

DAY 09 PART 2

02 평서문

무엇을 배울까?

> The printer is not working again.
> 프린터가 다시 고장이 났어요.

> I will take a look.
> 제가 살펴볼게요.

여자가 프린터가 고장 났다는 문제점을 언급하자 남자가 자신이 한번 보겠다며 해결책을 제시하는 내용으로 답하고 있어요.

평서문은 정답 패턴이 정해져 있지 않지만, 자주 출제되는 내용이 있어요. 빈출 평서문 및 정답 표현을 살펴보겠습니다.

📢 문제점 언급하는 평서문에 해결책 제시하는 답변

· I think I lost some receipt.
영수증을 잃어버린 것 같아요.

· I am not able to run the software.
소프트웨어를 작동할 수 없어요.

· My cell phone battery is dead.
휴대폰 배터리가 방전되었어요.

· You can download it online.
온라인에서 내려받으실 수 있어요.

· Please install the updates.
업데이트를 설치해 주세요.

· Here is my charger.
여기 제 충전기요.

📢 제안/요청하는 평서문에 승낙/거절하는 답변

· Let me show you the office building.
제가 사무실 건물을 보여 드릴게요.

· I'll pick up the order on my way home.
제가 집에 가는 길에 주문한 것을 받아 올게요.

· We should check for any mistakes in this document. 이 문서에 오류가 있는지 점검해야 해요.

· Please check for errors before submitting a report.
보고서를 제출하기 전에 오류를 점검해 주세요.

· That sounds great. (승낙)
그거 좋겠네요.

· Great. That'll be helpful. (승낙)
훌륭해요. 도움이 되겠어요.

· Brown went over it carefully. (거절)
Brown이 철저히 검토했어요.

· Sure, I will do that. (승낙)
물론이죠, 제가 그렇게 할게요.

A **다음을 듣고 해당하는 내용을 고르세요.** (두 번 들려 줍니다.)

01. ⓐ 문제점 언급   ⓑ 제안/요청

02. ⓐ 문제점 언급   ⓑ 제안/요청

03. ⓐ 문제점 언급   ⓑ 제안/요청

04. ⓐ 문제점 언급   ⓑ 제안/요청

05. ⓐ 문제점 언급   ⓑ 제안/요청

B **위 평서문에 대한 답변을 듣고 적절한 답변이면 O, 그렇지 않으면 X에 표시하세요.**

01. ⓞ | ⓧ

02. ⓞ | ⓧ

03. ⓞ | ⓧ

04. ⓞ | ⓧ

05. ⓞ | ⓧ

A   다음을 듣고 질문에 가장 알맞은 답변을 고르세요.

01.   (A)   (B)

02.   (A)   (B)

B   문제를 다시 듣고 빈칸을 채우세요.

01.   Please _____ the quarterly report today.

     (A) I can _____ you.

     (B) I already _____ you.

02.   There's a _____ on my receipt.

     (A) It's for an online _____.

     (B) I'm _____. Let me have a _____ at it.

03 간접 정답 표현

무엇을 배울까?

D9_03_1

Who will represent our company at the expo?
누가 엑스포에서 우리 회사를 대표할 건가요?

I don't know.
모르겠어요.

누가 회사를 대표할 것인지 묻는 Who 의문문에 직접적으로 '누구'라고 답하지 않고 '모르겠다'라는 표현으로 답하고 있어요.

'모르겠어요'와 같이 질문에 간접적으로 답변하는 표현은 질문 유형에 상관없이 정답일 가능성이 높아요. 이런 표현들을 살펴보겠습니다.

 '모르겠어요' D9_03_2

· I'm not sure. 잘 모르겠어요.
· I don't know. 모르겠어요.
· I have no idea. 모르겠어요.

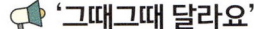 '그때그때 달라요' D9_03_3

· It depends. 상황에 따라 달라요.
· It varies depending on ~. ~에 따라 달라요.

 '아직 결정이 안 되었어요' D9_03_4

· It hasn't been decided yet. 아직 결정되지 않았어요.
· We're still deciding. 아직 결정 중이에요.
· I haven't decided yet. 저는 아직 결정하지 않았어요.

 '~에게 물어봐요' D9_03_5

· You'd better ask Jane.
  Jane에게 물어보시는 게 좋겠어요.
· Ask Judy. Judy에게 물어보세요.
· Why don't you ask Tom?
  Tom에게 물어보시는 게 어때요?

A 다음 문장을 듣고 빈칸을 채우세요. (두 번 들려 줍니다.)

01. _____ should I _____ these plastic chairs?

02. _____ are the sales so _____ this month?

03. _____ _____ did you _____ your apartment?

04. The _____ ride from the airport _____ about thirty minutes, doesn't it?

05. I'd like to _____ a reservation for _____.

B 위 질문에 대한 답변을 듣고 적절한 답변이면 O, 그렇지 않으면 X에 표시하세요.

01. ⊙ ｜ ⊗

02. ⊙ ｜ ⊗

03. ⊙ ｜ ⊗

04. ⊙ ｜ ⊗

05. ⊙ ｜ ⊗

A 다음을 듣고 질문에 가장 알맞은 답변을 고르세요.

01.   (A)   (B)

02.   (A)   (B)

B 문제를 다시 듣고 빈칸을 채우세요.

01. _____ _____ are you going to meet the client?

(A) I haven't _____ yet.

(B) I don't eat any _____.

02. Is he a new _____?

(A) A new _____ provider.

(B) I'm not _____.

DAY 10 PART 2

실력 쌓기

Part 2는 듣기에만 의존해서 문제를 풀어야 하는 데다가 다양한 질문 유형이 출제되어
어렵다고 느낄 수 있어요. 문제 풀이 전략을 학습하고, 이를 빠르게 적용할 수 있도록
연습해 봅시다.

오늘의
학습 포인트

01. 문제 풀이법

01 문제 풀이법

1 핵심 전략 확인

Step 1 질문의 유형과 내용 파악하기

질문을 듣고 질문의 유형과 내용을 파악해요. 핵심어인 동사와 명사를 주의 깊게 들어야 내용을 정확히 파악할 수 있어요.

 예시

Who should I **talk** to about **travel expenses**? 출장 경비에 관해서는 누구한테 말해야 하나요?

→ 의문사 Who, 동사 talk, 명사 travel expenses를 통해 누구한테 출장 경비에 관해 말해야 하는지 묻는 Who 의문문임을 알 수 있어요.

Step 2 보기 들으면서 정답/오답 가리기

'menu / manual'과 같이 유사한 발음의 어휘를 활용한 보기는 오답일 확률이 높고, '모르겠어요', '~에게 물어보세요'와 같은 간접 정답 표현의 보기는 정답일 확률이 높아요.

질문별 정답 선택 TIP

의문사 의문문	해당 의문사에 적합한 표현으로 응답한 보기를 정답으로 선택 Yes/No로 응답한 보기는 무조건 오답이니 소거
일반/부정/부가 의문문	Yes/No로 응답한 뒤 적절히 부연 설명한 보기를 정답으로 선택
선택/청유/권유 의문문	선택 의문문은 '제시된 선택지 중 하나를 선택/아무거나 상관없다/둘 다 싫다[아니다]' 패턴으로 응답한 보기를 정답으로 선택 청유/권유 의문문은 승낙 또는 거절의 표현으로 응답한 보기를 정답으로 선택
평서문	상대방의 말에 '동의/반대' 또는 '승낙/거절'하는 표현, 문제점에 대한 해결책을 제시하는 표현으로 응답한 보기를 정답으로 선택

2 핵심 전략 적용

When will you reserve the flight?
항공편을 언제 예약하실 건가요?

Step 1 질문의 유형과 내용 파악하기

☑ 의문사 의문문　　☐ 일반 의문문　　☐ 부정 의문문
☐ 부가 의문문　　☐ 선택 의문문　　☐ 청유 의문문
☐ 권유 의문문　　☐ 평서문

→ 시점을 물어보는 When 의문문이에요.

reserve(예약하다), flight(항공편)
→ 항공편 예약 내용임을 알 수 있어요.

Step 2 보기 들으면서 정답/오답 가리기

(A) No, I didn't.　　　　　　　　　　　　　　　No (X)
　　아니요, 그러지 않았어요.　　　　　　　　　→ 의문사 의문문이니 바로 소거해요.

(B) Food will be served soon.　　　　　　　　served (X)
　　음식이 곧 제공될 거예요.　　　　　　　　→ 질문의 reserve와 유사한 발음의 어휘를 활용한 오답이에요.

(C) Maybe tomorrow.　　　　　　　　　　　　tomorrow (O)
　　아마 내일이요.　　　　　　　　　　　　　→ When 의문문에 적합한 시간 표현으로 답변했으므로 정답이에요.

A 다음을 들으면서 단계별로 해당하는 것에 체크하세요.

Step 1 질문의 유형과 내용 파악하기

[유형]

□ 의문사 의문문 □ 일반 의문문 □ 부정 의문문 □ 부가 의문문 □ 선택 의문문
□ 청유 의문문 □ 권유 의문문 □ 평서문

[핵심어]

□ bring □ go □ cost □ call □ use
□ book □ travel □ policy □ receipt □ car

Step 2 보기 들으면서 정답/오답 가리기

(A) ⊙ | ⊗   (B) ⊙ | ⊗   (C) ⊙ | ⊗

B 문제를 다시 듣고 빈칸을 채우세요.

_____ you _____ the original _____?

(A) I _____ you the _____.

(B) In _____.

(C) _____, _____ it is.

A 다음을 듣고 질문에 가장 알맞은 답변을 고르세요.

01.   (A)   (B)   (C)

02.   (A)   (B)   (C)

03.   (A)   (B)   (C)

04.   (A)   (B)   (C)

B 문제를 다시 듣고 빈칸을 채우세요.

01.
You _____ the maintenance

_____, didn't you?

(A) _____, not _____.

(B) The _____ conference room.

(C) A new chief financial _____.

02.
_____ you _____ tomorrow

afternoon?

(A) _____ March.

(B) It's _____-_____.

(C) _____, I have a client

_____ at 3 P.M.

03.
_____ can I _____ this

portable charger?

(A) _____, it's out of _____.

(B) You were _____ an extra fee.

(C) Let me _____.

04.
_____ _____ _____

_____ your laptop computer

tomorrow?

(A) On _____ of a counter.

(B) That _____ _____ to me.

(C) They have low _____.

DAY 11 PART 3&4

듣기 기초 다지기

Part 3&4에서는 두 명 이상의 사람 또는 한 사람이 여러 문장으로 계속 말하기 때문에 긴 문장을 들으면서 이해하고, 그중 단서가 되는 문장을 바로 찾아내는 것이 중요해요. 빈출 단서 표현을 익히고 긴 문장을 끊어 듣는 연습을 통해서 기초를 확실히 다져요.

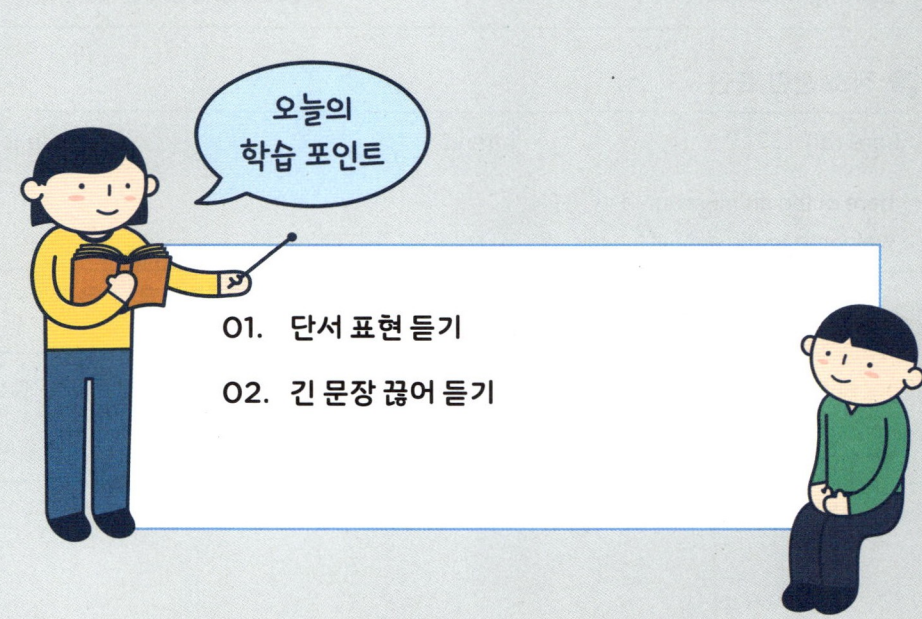

오늘의
학습 포인트

01. 단서 표현 듣기

02. 긴 문장 끊어 듣기

01 단서 표현 듣기

무엇을 배울까?

🎧 D11_01_1

You've reached Aurora Dental Clinic.
Aurora 치과에 전화하셨습니다.

Q. Who most likely is the woman?
여자는 누구인 것 같은가?

여자가 You've reached라는 표현을 써서 회사명을 밝힌 것에서 치과 업종 종사자인 것을 유추할 수 있어요.

이처럼 Part 3&4 지문에서 반드시 들어야 하는 시그널 표현, 즉 정답의 단서가 되는 표현을 살펴보겠습니다.

📢 직업/업종 관련 표현   🎧 D11_01_2

you've reached ~에 전화하셨어요	in charge of ~을 맡고 있는	calling from ~에서 전화하는

· **in charge of** supply order 사무용품 주문을 맡고 있는   · **calling from** the Sales Department 영업 부서에서 전화하는

📢 시간/시점 관련 표현   🎧 D11_01_3

after ~ 후에	before ~ 전에	for/during ~ 동안
starting from ~부터 시작해서	at the end of ~의 말에	from now on 지금부터

· **before** 6:30 P.M. 오후 6시 30분 전에   · **during** working from home 재택근무 동안
· **starting from** next week 다음 주부터 시작해서   · **at the end of** the month 이달 말에

📢 장소 관련 표현   🎧 D11_01_4

here (at) 여기(에서)	attend 참석하다	welcome to ~에 온 것을 환영하다

· **here at** the art museum 여기 미술관에서
· **welcome to** the annual job fair 연례 취업 박람회에 온 것을 환영하다

📢 이유/원인 관련 표현   🎧 D11_01_5

because (of)/due to ~ 때문에	to부정사(to + 동사원형) ~하기 위해서, ~하게 되어

· **due to** the heavy rain 폭우 때문에   · surprised **to see** 보게 되어 놀라운

📢 미래 관련 표현

I will/I'm going to ~할 거예요	let me ~할게요	take care of ~ now 지금 ~을 처리하다

· **I'm going to** order a meal. 식사를 주문할 거예요.　　· **Let me** pay for myself. 제 몫은 제가 지불할게요.

📢 주제/목적 관련 표현

I wanted to let you know 알려 드리고 싶었어요 　　pleased to announce 발표하게 되어 기쁜
I'm calling to[about] ~하려고[~에 관해] 전화드려요 　　I'd like to ~하고 싶어요

· **I'm calling to** ask about summer internship. 여름 인턴십에 관해 문의하려고 전화드렸어요.
· **I'd like to** confirm my reservation. 예약을 확인하고 싶어요.

📢 문제점 관련 표현

I'm sorry to[about] ~해서 미안해요 　　concerned about ~에 대해 걱정인 　　complaining about ~에 대해 불평하는
have trouble -ing ~에 어려움을 겪다 　　the problem is 문제는 ~이다 　　not/never(부정어) ~하지 않는, ~이 아닌
but/however 하지만 　　unfortunately 안타깝게도 　　apologize for ~에 대해 사과하다

· We're **concerned about** a tight budget. 빠듯한 예산이 걱정이에요.
· Customers are **complaining about** our business hours. 고객들이 우리 영업시간에 대해 불평하고 있어요.
· I'm **having trouble** find**ing** a new house to live. 새로 살 집을 찾는 데 어려움을 겪고 있어요.
· **Unfortunately**, the branch is going out of business. 안타깝게도, 그 지점은 폐업할 거예요.

📢 요청/제안 관련 표현

I'd like you to ~해 주셨으면 해요 　　Don't forget to ~하는 것을 잊지 마세요 　　Please 부디, 제발
Could you ~? ~해 주시겠어요? 　　You should ~하셔야 해요 　　Let's ~합시다
I can[could] 제가 할 수 있어요 　　I suggest[recommend] 제안[추천]해요
How about ~?/Why don't you[we] ~? ~하는 게 어떨까요?

· **Don't forget to** close the window when you leave the office. 퇴근할 때 창문 닫는 것을 잊지 마세요.
· **Could you** pick up the client from the airport? 공항에서 고객을 태워 주시겠어요?
· **You should** arrive at work on time. 정시에 출근하셔야 해요.
· **I suggest** replacing old chairs. 낡은 의자를 교체하는 것을 추천해요.

[01-08] 다음 문장을 듣고 빈칸을 채운 후, 어떤 유형의 단서 표현인지 보기에서 찾아 쓰세요.

(두 번 들려 줍니다.)

> • 보기 •
>
> | 직업/업종 | 시간/시점 | 장소 | 이유/원인 |
> | 미래 | 주제/목적 | 문제점 | 요청/제안 |

01. _____ _____ reserve the next available time slot for you.

(_____)

02. _____ _____ _____ make an appointment with Dr. Robinson.

(_____)

03. _____ _____ going to a movie tonight?   (_____)

04. The concert was delayed _____ _____ bad weather.   (_____)

05. Our prices will be raised _____ _____ next week.   (_____)

06. _____ _____ Mega Cinema.   (_____)

07. _____ _____ a Christmas Eve gala dinner.   (_____)

08. _____ _____ _____ the short notice.   (_____)

A   다음을 듣고 질문에 가장 알맞은 답을 고르세요.

01. PART 3

What will the woman most likely do next?

(A) Go to another floor

(B) Call a technician

(C) Visit a library

02. PART 4

What is the speaker mainly discussing?

(A) Local farmers' markets

(B) A fundraising event

(C) Community sports fields

B   대화/담화를 다시 듣고 빈칸을 채우세요.

01.   W: I noticed that the printer is _____ _____ paper. Do you know if we

have any more?

M: There's some in the supply room on the _____ _____.

W: OK. _____ _____ _____ get it.

02.   I'm pleased to _____ that _____ efforts for the citywide community

garden project are going very well. Thanks to the _____ of locals, we have

_____ almost as much as we planned.

 D11_02_1

무엇을 배울까?

He remembered that **he met Ms. Emerson at the Expo**.

그는 엑스포에서 Emerson 씨를 만난 것을 기억했어요.

'주어 + 동사'가 두 번 나오고(He remembered/he met), 장소 표현(at the Expo)이 있어서 문장이 길어졌어요.

Part 3&4에서는 한 문장에 '주어 + 동사'가 두 번 나오거나 장소/시간 표현이 들어가서 문장이 길어지는 경우가 있어요. 긴 문장을 잘 알아듣고 쉽게 이해하기 위해서 끊어서 듣는 연습을 해 보겠습니다.

1 절 단위

D11_02_2

한 문장 안에 또 하나의 '(주어 +) 동사'가 포함된 문장이 있는 경우 그 각 묶음을 '절'이라고 불러요. 긴 문장을 절 단위로 끊어서 들으면 좀 더 쉽게 이해할 수 있어요.

① 한 절의 동사 바로 뒤에 또 다른 절이 오는 경우예요. (동사 뒤 that은 생략 가능)

- I heard. 나는 들었다.
- I heard / (that) **Mr. Han submitted the form**. 나는 들었다 / Han 씨가 양식을 제출했다고

② 한 절의 명사 바로 뒤에 또 다른 절이 오는 경우예요.

- Mr. Collins reviewed the report. Collins 씨는 보고서를 검토했다.
- Mr. Collins reviewed the report / **that I wrote**. Collins 씨는 보고서를 검토했다 / 내가 쓴

③ 한 절과 또 다른 절이 나란히 오는 경우예요.

- Mr. Han had already submitted the form. Han 씨는 이미 양식을 제출했다.
- **When I contacted him**, / Mr. Han had already submitted the form.
  내가 그에게 연락했을 때 / Han 씨는 이미 양식을 제출했다.
- Mr. Han had already submitted the form / **when I contacted him**.
  Han 씨는 이미 양식을 제출했다 / 내가 그에게 연락했을 때

2 장소/시간 표현 단위

D11_02_3

장소 표현은 '장소 전치사 + 장소를 나타내는 명사', 시간 표현은 '시간 전치사 + 시간을 나타내는 명사'로 구성돼요.

장소 표현	시간 표현
· on the street 길 위에서 · in the office 사무실 안에서 · at Johnsonville 존슨빌에서 · from the main office 본사에서 · to the branch store 지점으로 · by the elevator 엘리베이터 옆에	· at noon 정오에 · before noon 정오 전에 · after noon 정오 후에 · in five days 5일 후에 · in the morning 오전에 · on Friday 금요일에 · in July 7월에

긴 문장을 장소/시간 표현 단위로 끊어서 들으면 좀 더 쉽게 이해할 수 있어요. 장소 표현과 시간 표현이 함께 언급될 때는 '장소 → 시간' 순서로 말해요. 각 전치사 앞에서 끊으면 돼요.

· I joined the meeting. 나는 회의에 참석했다.
· I joined the meeting / **at the headquarters**. 나는 회의에 참석했다 / 본사에서
· I joined the meeting / **at the headquarters** / **on May 2**. 나는 회의에 참석했다 / 본사에서 / 5월 2일에

연습 문제

D11_02_practice　p. 35

[01-05] 다음 문장을 들으면서 절이 나뉘는 곳에 끊어 읽기 표시(/)를 하세요.

01. The presenter said that he will hold a Q&A session.

02. Ms. Bolton will conduct job interviews after she returns from the conference.

03. She sent a file to the customer who is interested in the stock investment.

04. Some employees heard they will receive a cash bonus.

05. Because it was a final sale, it won't be refunded.

[06-10] 다음 문장을 들으면서 장소 및 시간 표현 앞에 끊어 읽기 표시(/)를 한 후, 장소인지 시간인지 고르세요.

06. The workshops will begin at 1:30 P.M.   (장소 / 시간)

07. He had lunch at the cafeteria.   (장소 / 시간)

08. Mr. Bryant's office is located on the second floor.   (장소 / 시간)

09. All the information is provided on our Web site.   (장소 / 시간)

10. I have to plug it in after just one hour of use.   (장소 / 시간)

실전 문제

D11_02_test   p. 36

A 다음을 듣고 질문에 가장 알맞은 답을 고르세요.

01. PART 3

What will the woman do tomorrow morning?

(A) Attend a company meeting

(B) Distribute some pamphlets

(C) Visit a clinic

02. PART 4

Where most likely are the listeners?

(A) At a product launch party

(B) At a shareholders meeting

(C) At a social event

B 대화/담화를 다시 듣고 빈칸을 채우세요.

01. **M**: Good evening, Ms. Scott. You're here late tonight. Is everything OK?

   W: Oh, there's no problem. I just thought I would ＿＿＿＿＿＿ ＿＿＿＿＿＿ tonight to get ahead on some work. I won't be in until after lunch ＿＿＿＿＿ because I have an ＿＿＿＿＿ with my ＿＿＿＿＿ in the morning.

02. Good morning, and ＿＿＿＿＿ ＿＿＿＿＿ MeranTech. I would like to thank those of you who came from out of state, or even from outside the country, to ＿＿＿＿＿ our annual ＿＿＿＿＿ meeting.

DAY 11 PART 3&4

어휘 다지기
– 대화 주제별 어휘

Part 3 대화에 자주 출제되는 표현들을 익히면 듣기 능력과 문제 풀이 능력을
빠르게 기를 수 있어요.

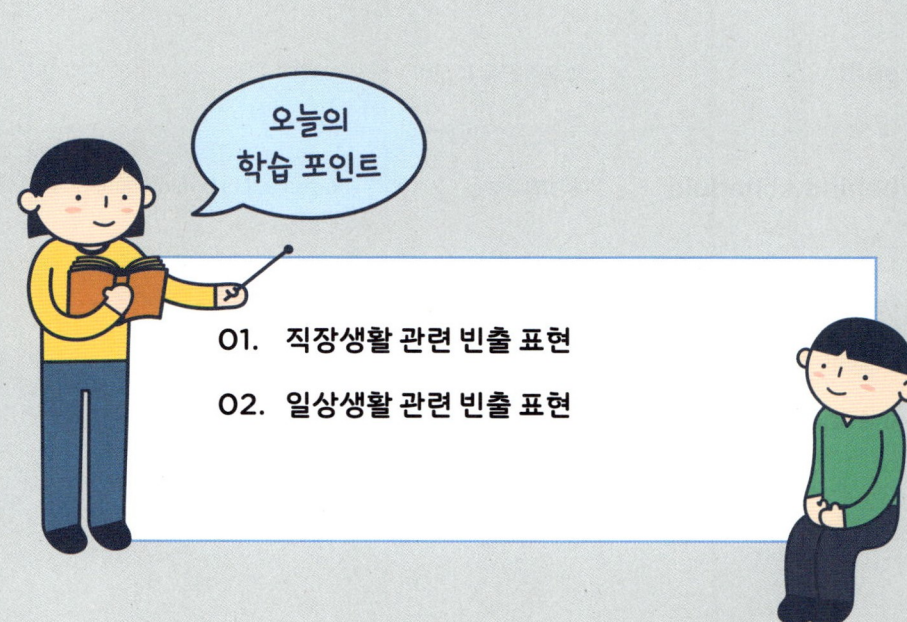

오늘의
학습 포인트

01. 직장생활 관련 빈출 표현

02. 일상생활 관련 빈출 표현

01 직장생활 관련 빈출 표현

무엇을 배울까?

 D12_01_1

What is the **agenda** for this weekly **meeting**?
이번 주간 회의 안건은 뭔가요?

First is the sales figures in the second quarter.
첫 번째 안건은 2분기 매출액이에요.

회의 안건에 관한 대화를 나누고 있어요.

Part 3에서는 직장에서 일어날 수 있는 다양한 주제와 상황을 다뤄요. 특히 회의, 업무, 채용, 행사, 교육에 관한 대화가 자주 나오는데요. 이런 대화와 관련된 빈출 어휘를 익혀 보겠습니다.

📢 업무 관련 대화

 D12_01_2

meeting	명 회의	hold a **meeting** 회의를 열다 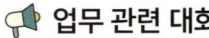
report	명 보고서	sales **report** 판매 보고서 budget **report** 예산 보고서
shift	명 교대 근무 (시간)	day **shift** 주간 근무 night **shift** 야간 근무
behind schedule	예정보다 늦은	The project is **behind schedule**. 프로젝트가 예정보다 늦다.
feedback	명 의견	give **feedback** 의견을 주다
manager	명 부서장	**manager**'s approval 부서장의 승인

business	⑲ 영업, 사업	do business 영업하다 run a business 사업을 하다
client	⑲ 고객	potential client 잠재 고객
review	⑧ 검토하다	review a report 보고서를 검토하다
presentation	⑲ 발표	give a presentation 발표하다
reschedule	⑧ 일정을 변경하다	reschedule a meeting 회의 일정을 변경하다
deadline	⑲ 마감일	meet a deadline 마감일을 맞추다

📢 채용/인사 관련 대화   🎧 D12_01_3

recruit	⑧ 모집하다	recruit new graphic designers 신입 그래픽 디자이너를 모집하다
hire	⑧ 채용하다	hire extra workers 추가 직원을 채용하다
opening	⑲ 공석	job opening (직장의) 빈자리 fill the opening 공석을 채우다
qualified	⑲ 자격을 갖춘	qualified applicant 자격을 갖춘 지원자
application	⑲ 지원(서)	submit an application 지원서를 제출하다
job interview	⑲ 채용 면접	conduct a job interview 채용 면접을 실시하다

résumé	몡 이력서	attach a **résumé** 이력서를 첨부하다
position	몡 직책, (일)자리	full-time **position** 정규직
promotion	몡 승진	get a **promotion** 승진하다
job fair	몡 취업 박람회	attend a **job fair** 취업 박람회에 참석하다
transfer	몡 전근 통 전근 가다	**transfer** to a different department 다른 부서로 전근[전근 가다]
retirement	몡 퇴임, 은퇴	announce her **retirement** 퇴임을 발표하다

📢 출장/행사/교육 관련 대화   🎧 D12_01_4

business trip	몡 출장	go on a **business trip** 출장을 가다
travel expense	몡 출장 경비	cover **travel expenses** 출장 경비를 대다
reimbursement	몡 상환	**reimbursement** form 상환 양식
reservation	몡 예약	make a **reservation** 예약하다
accommodation	몡 숙박 시설	provide **accommodation** 숙박 시설을 제공하다
flight	몡 항공편	**flight** ticket 비행기표

hold	(통) 열다, 개최하다	**hold** an event 행사를 열다
book	(통) 예약하다	**book** a hotel 호텔을 예약하다
venue	(명) 장소, 개최지	event **venue** 행사장
banquet	(명) 연회	**banquet** hall 연회장
anniversary	(명) 기념일	company **anniversary** 창립 기념일
fundraiser	(명) 기금 모금 행사	organize a **fundraiser** 기금 모금 행사를 준비하다
expo	(명) 박람회	upcoming **expo** 곧 있을 박람회
conference	(명) 회의, 학회	international **conference** 국제회의
orientation	(명) 오리엔테이션, 예비 교육	new employee **orientation** 신입사원 교육
training	(명) 교육, 훈련	**training** session 교육 세션 **training** manual 훈련 교본

[01-10] 다음 단어를 듣고 받아 쓴 후, 알맞은 의미를 고르세요. (두 번 들려 줍니다.)

01. ＿＿＿＿＿＿＿＿＿＿＿　　개최하다　/　접다

02. ＿＿＿＿＿＿＿＿＿＿＿　　소비　　/　이력서

03. ＿＿＿＿＿＿＿＿＿＿＿　　추가의　/　두 배의

04. ＿＿＿＿＿＿＿＿＿＿＿　　장소　　/　이익

05. ＿＿＿＿＿＿＿＿＿＿＿　　지치게 하다　/　고용하다

06. ＿＿＿＿＿＿＿＿＿＿＿　　배경　　/　의견

07. ＿＿＿＿＿＿＿＿＿＿＿　　전근　　/　출금

08. ＿＿＿＿＿＿＿＿＿＿＿　　마감일　/　한계

09. ＿＿＿＿＿＿＿＿＿＿＿　　교육　　/　공석

10. ＿＿＿＿＿＿＿＿＿＿＿　　지원서　/　숙박 시설

[11-15] 다음 문장을 듣고 해석을 참고하여 빈칸을 채우세요. (두 번 들려 줍니다.)

11. The company will cover all ＿＿＿＿＿＿ ＿＿＿＿＿＿.
    회사가 모든 출장 경비를 댈 것입니다.

12. Mr. Herbert applied for the full-time ＿＿＿＿＿＿.
    Herbert 씨는 정규직에 지원했어요.

13. She gave a ＿＿＿＿＿ to the board members.
    그녀가 이사진에게 발표했어요.

14. All ＿＿＿＿＿＿ should be received by the end of this month.
    모든 지원서는 이번 달 말일까지 도착해야 합니다.

15. Ms. Bell is organizing an ＿＿＿＿＿＿ for the new employees.
    Bell 씨는 신입사원들을 위한 (예비) 교육을 준비 중이에요.

A 다음을 듣고 질문에 가장 알맞은 답을 고르세요.

01. PART 3

What does the woman say about Room 110?

(A) It is locked.

(B) It is small.

(C) It is occupied.

02. PART 3

What position is the woman applying for?

(A) Lecturer

(B) Editor

(C) Journalist

B 대화를 다시 듣고 빈칸을 채우세요.

01. W: Hi, Pat. This is Catherine Chipman calling from the research and development department. This morning, I _____ Room 110 for 2:00 P.M. I just went down there to start my team's _____, but another large group is still _____ it.

M: I'm very sorry, Catherine. There's an issue with the company's _____ software.

02. M: Hello, Ms. Bryant. My name is Victor Brooks. I want to let you know that you are one of two finalists that we are considering for a _____ _____. Before we begin your second _____, do you have any questions for me?

W: Well, I'm a little curious about the curriculum. Would I be _____ for developing it myself?

02 일상생활 관련 빈출 표현

무엇을 배울까?

Here is your **boarding pass**.
Your **flight departs** in one hour.
탑승권 여기 있습니다. 비행기는 한 시간 후에 출발합니다.

Thanks.
고맙습니다.

boarding pass, flight departs 등을 통해서 공항에서 나누는 대화임을 알 수 있어요.

직장 외에도 공항, 호텔, 상점, 식당, 극장, 병원, 박물관과 같은 일상적인 장소에서 일어나는 대화도 출제되는데요. 이런 장소에서 자주 등장하는 어휘들을 익혀 보겠습니다.

📢 공항/역/호텔 관련 대화   D12_02_2

boarding pass	몡 탑승권	show a **boarding pass** 탑승권을 보여 주다
depart	통 출발하다	**depart** from ~에서 출발하다
arrive	통 도착하다	**arrive** on time 정시에 도착하다
window seat	몡 창가 좌석	reserve a **window seat** 창가 좌석을 예약하다
direct	톙 직항의	**direct** flight 직항편
airport	몡 공항	international **airport** 국제공항

baggage	몡 수화물	baggage claim 수화물 찾는 곳
miss	됭 놓치다	miss a train 기차를 놓치다
express	혱 고속의	express bus 고속버스
fare	몡 요금	charge a fare 요금을 부과하다
front desk	몡 안내 데스크	call the front desk 안내 데스크에 전화하다
rate	몡 가격, 요금	at a discounted rate 할인된 가격에
ocean view	몡 바다 전망	room with an ocean view 바다 전망 객실
check in	됭 호텔[비행기] 수속을 하다	check in at a front desk 안내 데스크에서 수속을 하다
shuttle bus	몡 셔틀버스	use a shuttle bus 셔틀버스를 이용하다
reserve	됭 예약하다	reserve a hotel room 호텔 객실을 예약하다

📢 상점/식당 관련 대화   🎧 D12_02_3

discount	몡 할인	get a discount 할인을 받다
price	몡 가격	low price 저렴한 가격 reduce a price 가격을 내리다

bill	⑲ 계산서	incorrect **bill** 잘못된 계산서
reasonable	⑱ (가격이) 적정한	at a **reasonable** price 적정한 가격에
vegetarian	⑱ 채식(주의)의 ⑲ 채식주의자	**vegetarian** meal 채식 식사
return	⑧ 반품[반납]하다	**return** an item 제품을 반품하다
refund	⑲ 환불 ⑧ 환불하다	get a **refund** 환불을 받다 **refund** a purchase 구매품을 환불하다
order	⑲ 주문 ⑧ 주문하다	place an **order** 주문하다 **order** lunch 점심을 주문하다

📢 병원/극장/박물관/은행 관련 대화   🔊 D12_02_4

clinic	⑲ 병원, 의원	medical **clinic** 병원 eye **clinic** 안과 병원
appointment	⑲ 예약, 약속	make an **appointment** 진료 예약을 하다, 약속을 하다
patient	⑲ 환자	examine a **patient** 환자를 검진하다
medical	⑱ 의학[의료]의	**medical** conference 의학 학회
theater	⑲ 극장	movie **theater** 영화관
actor	⑲ 배우	main **actor** 주연배우

performance	몡 공연	live **performance** 라이브 공연
box office	몡 매표소	meet at the **box office** 매표소에서 만나다
museum	몡 박물관	art **museum** 미술관
admission	몡 입장(료)	full **admission** 자유 이용권
exhibit	통 전시하다 몡 전시(회)	**exhibit** artwork 예술품을 전시하다 museum **exhibit** 박물관 전시회
souvenir	몡 기념품	purchase a **souvenir** 기념품을 구매하다
bank	몡 은행	**bank** account 은행 계좌
account	몡 계좌	savings **account** 예금 계좌
loan	몡 대출	mortgage **loan** 주택 담보 대출 **loan** interest 대출 이자
withdraw	통 인출하다	**withdraw** some cash 현금을 인출하다

[01-10] 다음 단어를 듣고 받아 쓴 후, 알맞은 의미를 고르세요. (두 번 들려 줍니다.)

01. _____ 식사 / 계산서

02. _____ 항공사 / 공항

03. _____ 극장 / 식당

04. _____ 환불 / 투자

05. _____ 해고 / 요금

06. _____ 임무 / 입장료

07. _____ 채식주의의 / 식물학의

08. _____ 알려 주다 / 출발하다

09. _____ 업무 / 대출

10. _____ 할인 / 신제품

[11-15] 다음 문장을 듣고 해석을 참고하여 빈칸을 채우세요. (두 번 들려 줍니다.)

11. You can purchase office supplies at _____ prices.
사무용품을 적정한 가격에 구매하실 수 있어요.

12. Due to the heavy traffic, I _____ my train.
극심한 교통 정체 때문에 기차를 놓쳤어요.

13. Mr. Donovan would prefer to take a _____ flight.
Donovan 씨는 직항편을 타는 것을 더 선호하세요.

14. I need to reschedule my _____.
약속 일정을 변경해야 해요.

15. I've called the _____ _____ several times to book tickets.
표를 예매하려고 매표소에 여러 번 전화했어요.

A 다음을 듣고 질문에 가장 알맞은 답을 고르세요.

01. `PART 3`

What does the woman say about the ordered item?

(A) It is the wrong color.

(B) It is the incorrect size.

(C) It is missing.

02. `PART 3`

How did the man learn about the Sapphire Frequent Flyer credit card?

(A) By watching a commercial

(B) By speaking with an acquaintance

(C) By reading a newspaper

B 대화를 다시 듣고 빈칸을 채우세요.

01. W: Hello. My name is Margaret Jenkins. I'm calling because there has been a

_____ with my order. The standing linen cabinet you sent is light gray.

I asked for it _____ _____. Could I just _____ the cabinet you

sent?

M: Sure. As soon as we get it back, I'll _____ your card for the amount you paid

for it.

02. W: Good afternoon. Thank you for calling Central Bank. How may I help you?

M: I'm interested in _____ _____ for your Sapphire Frequent Flyer credit

card. My _____ told me about it.

W: Do you already have an account with us?

M: Yes. I have a Central Bank _____ _____.

DAY 13 PART 4

어휘 다지기
– 담화 유형별 어휘

Part 4 담화 유형별로 자주 출제되는 표현들을 익히면 듣기 능력과 문제 풀이 능력을 빠르게 기를 수 있어요.

오늘의
학습 포인트

01. 전화 메시지/공지/광고 빈출 표현

02. 방송 및 뉴스/회의 내용 발췌/
     연설 빈출 표현

무엇을 배울까?

D13_01_1

[telephone message 전화 메시지]

I'm **calling** to **respond** to your inquiry about MK-2. I'm sorry that it is not **available** now.
MK-2에 대한 귀하의 문의에 답변드리려고 전화 드렸습니다. 죄송하지만 현재 이용 가능하지 않습니다.

문의에 답변하기 위해 전화 메시지를 남기고 있어요.

Part 4에서는 특정 담화에 자주 사용되는 표현들이 있어요. 먼저 전화 메시지, 공지, 광고에서 자주 출제되는 표현들을 익혀 보겠습니다.

📢 전화 메시지

D13_01_2

respond	동 응답[대답]하다	**respond** to a phone call 전화에 응답하다
available	형 시간 여유가 있는, 구할 수 있는	I will be **available** next week for a client meeting. 다음 주에 고객 회의를 할 시간이 있을 겁니다.
leave a message	메시지를 남기다	Please **leave a message** for your manager. 당신의 관리자에게 메시지를 남겨 주세요.
discuss	동 논의하다	**discuss** the matter 문제를 논의하다
reach	동 연락하다	You can **reach** me at 412-7841. 412-7841로 연락하시면 됩니다. 
call back	다시 전화하다	Can you **call back** tomorrow? 내일 다시 전화해 주시겠어요?

urgent	⑱ 긴급한	urgent request 긴급 요청
look forward to	학수고대하다, 기대하다	I look forward to seeing you soon. 당신을 곧 뵙기를 기대합니다.
regarding	⑳ ~에 관해	I'm calling regarding your itinerary. 당신의 여행 일정에 관해 전화드려요.
via	⑳ ~을 통하여	via e-mail 이메일을 통하여
in person	직접	discuss this in person 직접 이것을 논의하다
get in touch	연락하다	get in touch with him 그와 연락하다

📢 공지

D13_01_3

attention	알립니다	Attention shoppers. 쇼핑객들에게 알립니다.
board	⑧ 탑승하다	board a flight 비행기에 탑승하다
reminder	⑲ 상기시키는 것	final reminder 마지막 알림
apologize	⑧ 사과하다	apologize for the cancellation 취소에 대해 사과하다
award	⑲ 상	receive an award 상을 받다
represent	⑧ 대표하다	represent a company 회사를 대표하다

DAY 13
PART 4

appreciation	똉 감사	show my **appreciation** 감사의 뜻을 표하다
patron	똉 고객, 후원자	mall **patron** 쇼핑몰 고객 generous **patron** 너그러운 후원자
notable	휑 유명한	**notable** writer 유명 작가
enter	똉 참가하다, 들어가다	**enter** a contest 대회에 참가하다
gift shop	똉 기념품점	visit a **gift shop** 기념품점을 방문하다
break	똉 휴식	take a **break** 휴식을 취하다

📢 광고

🔊 D13_01_4

look for	~을 찾다	**look for** an apartment 아파트를 찾다
frequent	휑 빈번한	**frequent** traveler 단골 여행객, 자주 여행하는 사람
download	똉 내려받다	**download** a form 양식을 내려받다
automatically	뿐 자동으로	**automatically** record 자동으로 기록하다
various	휑 다양한	**various** options 다양한 옵션들
improve	똉 향상시키다	**improve** a quality 품질을 향상시키다
feature	똉 특징 똉 특색으로 삼다	interesting **feature** 흥미로운 특징 An article will be **featured**. 특집 기사가 실릴 것이다.

limited	형 한정된, 제한된	**limited** offer 한정 판매
spend	동 (시간을) 보내다, (돈을) 쓰다	**spend** time 시간을 보내다
durable	형 내구성이 좋은	**durable** goods 내구성이 좋은 상품
further	형 추가의	**further** information 추가 정보
save	동 아끼다, 절약하다	**save** money 돈을 아끼다
friendly	형 사용하기 편한, 친절한	user-**friendly** 사용자 친화적인 **friendly** smile 친절한 미소
review	명 후기, 평	read a customer **review** 고객 후기를 읽다
convenient	형 편리한	**convenient** to use 사용하기에 편리한
warranty	명 보증(서)	**warranty** card 보증 카드
deal	명 거래	special **deal** 특별한 거래
extensive	형 광범위한, 방대한	**extensive** collection 광범위한 모음
maintain	동 유지보수하다	**maintain** a machine 기계를 유지보수하다
healthy	형 건강한	**healthy** food 건강한 음식
take advantage of	~을 활용하다	**take advantage of** this opportunity 이 기회를 활용하다

DAY13 PART 4

[01-10] 다음 단어를 듣고 받아 쓴 후, 알맞은 의미를 고르세요. (두 번 들려 줍니다.)

01. _____   내구성 좋은 / 편리한

02. _____   인내 / 고객

03. _____   발견하다 / 참가하다

04. _____   대표하다 / 발표하다

05. _____   연락하다 / 접속하다

06. _____   감사 / 이윤

07. _____   빈번한 / 분기의

08. _____   인식하다 / 사과하다

09. _____   순서상으로 / 자동으로

10. _____   휴식 / 호수

[11-15] 다음 문장을 듣고 해석을 참고하여 빈칸을 채우세요. (두 번 들려 줍니다.)

11. For _____ information, call us today at 897-8741.
추가 정보를 위해서, 오늘 897-8741로 저희에게 전화하세요.

12. All staff will receive a copy _____ e-mail.
모든 직원들은 이메일을 통하여 사본을 받을 것입니다.

13. Please visit our Web site to read customer _____.
저희 웹사이트를 방문하셔서 고객 후기를 읽으세요.

14. I'm very happy to present this _____ to Ms. Arroyo from the customer service team. 이 상을 고객 서비스팀의 Arroyo 씨에게 드리게 되어 매우 기쁩니다.

15. You can choose one from our _____ shipping methods.
저희의 다양한 배송 방법 중에서 하나를 선택하실 수 있습니다.

A 다음을 듣고 질문에 가장 알맞은 답을 고르세요.

01. PART 4

Why is the flight being delayed?

(A) A departure gate is closed.

(B) A dangerous storm is approaching.

(C) A piece of equipment is faulty.

02. PART 4

What is the advertisement for?

(A) A furniture store

(B) A landscaping service

(C) An outdoor equipment company

B 담화를 다시 듣고 빈칸을 채우세요.

01. Ladies and gentlemen, this is your captain speaking. I _____ for the

_____. An onboard computer _____ _____ was discovered while

we were taxiing to the runway.

02. Do you need help keeping your flowerbed weed-free or _____ a healthy lawn or

_____? Let the _____ staff at Pat's Gardening Services assist you. We

_____ mowing, shrub and bush trimming, leaf removal, flowerbed maintenance,

and much more.

02 방송 및 뉴스/회의 내용 발췌/연설 빈출 표현

무엇을 배울까?

D13_02_1

[radio broadcast 라디오 방송]

On today's **program**, we will be **interviewing** the **popular** author and economics professor Charles Danner.
오늘 프로그램에서는, 유명 작가이자 경제학 교수인 Charles Danner를 인터뷰하겠습니다.

유명 인사의 인터뷰를 하기 위한 방송이에요.

이번에는 방송 및 뉴스, 회의 내용 발췌, 연설에서 자주 출제되는 표현들을 익혀 보겠습니다.

📢 방송 및 뉴스

D13_02_2

popular	형 유명한	popular actor 유명한 배우
publish	동 출간하다	publish a book 책을 출간하다
official	명 공무원	city official 시 공무원
finish	동 끝내다	finish an inspection 검사를 끝내다 
commuter	형 통근(자)의 명 통근자	commuter bus 통근 버스 daily commuter 매일 출퇴근하는 사람
opportunity	명 기회	job opportunity 취업 기회

public	명 대중 형 대중의, 공공의	open to the **public** 대중에게 개방된 **public** transportation 대중교통
detail	명 세부사항	give **details** 상세히 설명하다
post	동 게시하다	**post** a sign 표지판을 게시하다
local	형 지역의	**local** business news 지역 비즈니스 뉴스
commercial	명 광고	radio **commercial** 라디오 광고
roadwork	명 도로 공사	do some **roadwork** 도로 공사를 하다

📢 회의 내용 발췌

🎧 D13_02_3

reward	명 보상 동 보상하다	monetary **reward** 금전적 보상　　**reward** staff 직원에게 보상하다
share	동 공유하다	**share** ideas 아이디어를 공유하다
efficient	형 효율적인	**efficient** process 효율적인 절차
agenda	명 안건	establish an **agenda** 안건을 수립하다
survey	명 설문 조사	conduct a **survey** 설문 조사를 하다
result	명 결과 동 결과로서 생기다	**result** of the survey 설문 조사 결과 **result** in some changes 약간의 변화를 가져오다

quarter	명 분기	the last quarter 지난 분기
expand	동 확장하다	expand the business 사업을 확장하다
provider	명 공급업자	Internet service provider 인터넷 서비스 공급업자
facility	명 시설	kitchen facility 주방 시설
workload	명 작업량	heavy workload 과중한 작업량
sale	명 매출, 판매	increase in sales 매출의 증가
congratulate	동 축하하다	congratulate an award winner 수상자를 축하하다
compare	동 비교하다	compare the prices 가격을 비교하다
exceed	동 초과하다	exceed a goal 목표를 초과하다
tight	형 빠듯한, 빡빡한	tight deadline 빠듯한 마감 일정

📢 연설

D13_02_4

device	명 장치	portable device 휴대용 장치
keynote speech	명 기조연설	give a keynote speech 기조연설을 하다
step	명 절차, 단계	follow steps 절차를 따르다

rapidly	(부) 빠르게	grow **rapidly** 빠르게 성장하다
handout	(명) 유인물, 인쇄물	pick up a **handout** 유인물을 집다
donate	(동) 기부하다	**donate** some books 책 몇 권을 기부하다
example	(명) 예, 예제	provide an **example** 예를 들다
brief	(형) 간략한, 짧은	**brief** report 간략한 보고
join	(동) 참가하다, 함께하다	**join** a book club 독서 모임에 참가하다
cater	(동) 음식을 제공하다	**cater** a party 파티에 음식을 제공하다
tour	(명) 관광	city **tour** 도시 관광
cuisine	(명) 요리법	Italian **cuisine** 이탈리아 요리법
tip	(명) 조언	**tips** for a job interview 취업 면접을 위한 조언
manual	(명) 설명서	user's **manual** 사용설명서
applause	(명) 박수	a round of **applause** 박수갈채
accomplishment	(명) 업적, 성과	major **accomplishment** 주요 업적

[01-10] 다음 단어를 듣고 받아 쓴 후, 알맞은 의미를 고르세요. (두 번 들려 줍니다.)

01. _____ 　　보상　　/　　전달

02. _____ 　　충고　　/　　장치

03. _____ 　　질긴　　/　　간결한

04. _____ 　　적재　　/　　작업량

05. _____ 　　설명서　　/　　식당 메뉴

06. _____ 　　기부하다　　/　　동의하다

07. _____ 　　통근의　　/　　통신의

08. _____ 　　거대한　　/　　효율적인

09. _____ 　　안건　　/　　마감일

10. _____ 　　설명하다　　/　　초과하다

[11-15] 다음 문장을 듣고 해석을 참고하여 빈칸을 채우세요. (두 번 들려 줍니다.)

11. And now for our _____ business news.

　　이제 지역 비즈니스 뉴스를 살펴보겠습니다.

12. Some workers complained about the _____ deadline.

　　몇몇 직원들은 빠듯한 마감일에 대해 불만이 있었습니다.

13. The market for 3D printers is growing _____.

　　3D 프린터 시장은 빠르게 성장하고 있습니다.

14. Oliver Pizzeria _____ the annual employee picnic.

　　Oliver Pizzeria는 연례 직원 야유회에 음식을 제공했습니다.

15. Ms. Malcom will _____ her valuable experience in running a small business.

　　Malcom 씨가 소규모 업체 경영에 대한 귀중한 경험을 공유해 줄 것입니다.

A 다음을 듣고 질문에 가장 알맞은 답을 고르세요.

01. PART 4

What is the main purpose of the meeting?

(A) To describe some goals
(B) To introduce a new product
(C) To express appreciation

02. PART 4

Who most likely is the speaker?

(A) A foundation executive
(B) A government official
(C) A university professor

B 담화를 다시 듣고 빈칸을 채우세요.

01. Congratulations, everyone! Our _____ and profits this quarter have _____ management's _____. The public seems to love our new foldable smartphone, so _____ you for all the hard work you put in during the development process.

02. Good evening, ladies and gentlemen. Thank you for _____ us tonight for our 4th annual gala. My name is Paul Irwin, and I am the _____ of the Animal Protection _____. A lot has been _____ this year through our efforts.

DAY 14 PART 3&4

어휘 다지기
– 패러프레이징

Part 3&4는 대화나 담화에서 쓰인 표현을 그대로 사용하지 않고 다른 어휘로
바꿔서 정답 보기로 출제해요. 이를 '패러프레이징'이라고 해요. 빈출 패러프레이징
표현을 암기해 두면 문제 푸는 속도와 정확도를 높일 수 있어요.

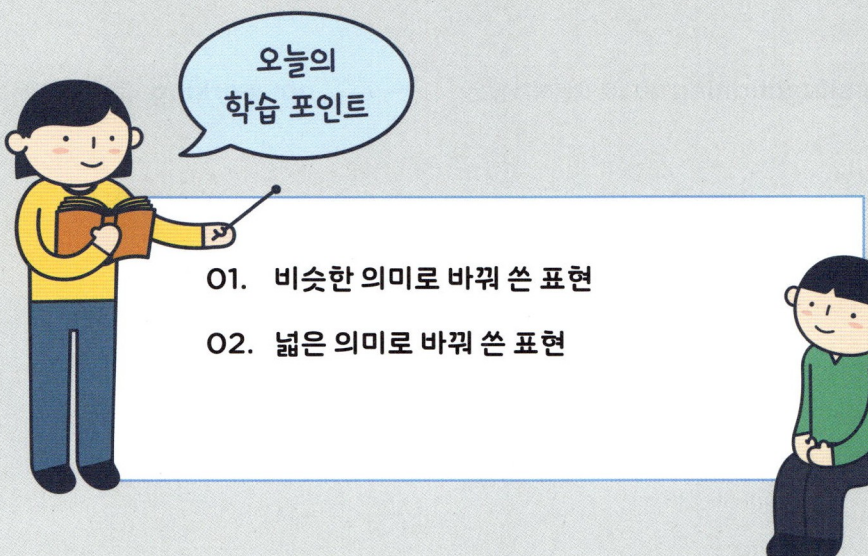

오늘의
학습 포인트

01. 비슷한 의미로 바꿔 쓴 표현

02. 넓은 의미로 바꿔 쓴 표현

01 비슷한 의미로 바꿔 쓴 표현

무엇을 배울까?

D14_01_1

And then, **next you'll see a brief video**. It includes what we've accomplished this year.

그러고 나서, 다음으로 짧은 영상을 보게 될 것입니다. 영상에는 우리가 올해 이룬 성과가 포함되어 있습니다.

Q. What will the listeners do next?

청자들은 다음에 무엇을 할 것인가?

A. Watch a film 영상 보기

담화의 see(보다)는 Watch(보다)로, video(비디오, 영상)는 film(필름)으로 바꿔 정답으로 출제했어요.

이처럼 의미는 비슷하지만 형태는 다른 단어로 바꿔 쓸 수 있는 표현들을 살펴보겠습니다.

D14_01_2

see 보다	=	**watch** 보다, 시청하다
video/movie 비디오, 영상/영화	=	**film** 필름, 영화
broken 고장 난	=	**out of order** 고장 난
malfunctioning 제대로 작동하지 않는	=	**not working** 작동하지 않는
factory 공장	=	**plant** 공장
worker/staff member 직원	=	**employee** 직원
check 확인하다	=	**confirm** 확인하다

store/shop 가게	=	**business** 업체
move 이사[이전]하다	=	**relocate** 이전하다
call/make a phone call 전화하다	=	**contact** 연락하다
ask ~에게 묻다	=	**speak with** ~와 이야기하다
show around 구경시켜 주다	=	**take[give] a tour** 구경시켜 주다
form 양식	=	**document** 서류
send 보내다	=	**mail/submit** (우편으로) 보내다/제출하다
trip 여행	=	**travel** 여행
hard 힘든, 어려운	=	**difficult** 어려운
don't have enough staff 직원이 충분하지 않다	=	**understaffed** 인원이 부족한
contribution 기여, 기부	=	**donation** 기부
not open 열지 않은	=	**closed** 닫힌
reserve 예약하다	=	**book** 예약하다
fee 요금	=	**charge** 요금

additional 추가의	=	**extra** 추가의
run 작동하다	=	**operate** 작동하다
room 공간	=	**space** 공간
look at 조사하다	=	**examine** 검사하다
calendar 일정표	=	**schedule** 일정(표)
help 돕다	=	**assist** 돕다
order 주문(품); 주문하다	=	**purchase** 구매(품); 구매하다
bill 청구서	=	**invoice** 송장
go over 검토하다	=	**review** 검토하다
suggest 제안하다	=	**propose** 제안하다
save 저장하다	=	**back up** 저장하다
finish 끝내다	=	**finalize** 마무리 짓다
attend/visit 참석하다/방문하다	=	**go to** ~에 가다
begin 시작하다	=	**start** 시작하다

track 추적하다	=	**monitor** 추적 관찰하다, 감시하다
free 무료의	=	**at no cost** 비용을 들이지 않고
missing 분실된, 누락된	=	**haven't received** 받지 못하다
reduce/cut 줄이다, 낮추다	=	**decrease** 감소시키다
apologize for ~에 대해 사과하다	=	**be sorry for** ~에 유감스럽다
show 보여 주다	=	**demonstrate** 시연하다
fill out 작성하다	=	**complete** 작성하다
talk 이야기하다	=	**chat** 대화하다
set up 설치하다	=	**install** 설치하다
pleased 기쁜	=	**happy** 만족스러운
feedback 피드백, 의견	=	**comment** 논평, 의견
right away 바로	=	**soon** 곧
construct 건설하다	=	**build** 짓다, 세우다
distribute 분배하다	=	**pass out** 나눠주다

register 등록하다	=	**sign up** 등록하다
increase 증가하다	=	**grow** 증가하다
fix 고치다	=	**repair** 수리하다
power 전기, 전력	=	**electricity** 전기
phone number 전화번호	=	**contact information** 연락처
photo 사진	=	**image** 이미지
survey 설문 조사(지)	=	**questionnaire** 설문 조사(지)
cost 비용	=	**expense** 비용

연습 문제

D14_01_practice   p. 44

[01-10] 의미상 서로 바꿔 쓸 수 있는 표현끼리 연결하세요.

01.	attend	•	• complete
02.	register	•	• grow
03.	free	•	• go to
04.	increase	•	• pass out
05.	apologize for	•	• start
06.	distribute	•	• mail
07.	begin	•	• be sorry for
08.	reduce	•	• sign up
09.	send	•	• at no cost
10.	fill out	•	• decrease

[11-15] 다음 문장을 듣고 빈칸을 채운 후, 빈칸 표현과 바꿔 쓸 수 있는 것을 보기에서 찾아 쓰세요.
(두 번 들려 줍니다.)

> **보기**
>
> soon   pleased   install   cost   monitor

11. All our travel _____ will be charged to the company.   (_____)

12. I'm _____ to announce Ms. Yeats' promotion.   (_____)

13. You can _____ all of your banking transactions online.   (_____)

14. Mr. Cole will _____ _____ the new software on your computer.

(_____)

15. She will call you back _____ _____ .   (_____)

PART 3&4 DAY 14

A 다음을 듣고 질문에 가장 알맞은 답을 고르세요.

01. PART 3

What does the man want to do?

(A) Purchase some furniture

(B) Register for a trade show

(C) Redecorate his home

02. PART 4

What are the listeners invited to do?

(A) Reserve a room in advance

(B) Complete a survey

(C) Use equipment carefully

B 대화/담화를 다시 듣고 빈칸을 채우세요.

01. M: I'd like to _____ _____ for this year's home décor _____ to gain some exposure. How much does that cost?

W: That's great. Have you _____ in the _____ before?

02. The New Wave Recreation Center houses an _____ room with a variety of cardio machines and weight training equipment. We would like to ask all _____ to the center to _____ _____ a _____ about their experience using this room.

02 넓은 의미로 바꿔 쓴 표현

무엇을 배울까?

 D14_02_1

How can I use an extended vacation?
장기 휴가를 어떻게 사용할 수 있나요?

You should **ask Gloria in the HR department**. 인사부의 Gloria에게 물어보세요.

대화의 ask(물어보다)는 Contact(연락하다)로, Gloria in the HR department(인사부의 Gloria)는 a colleague (동료)로 바꿔 정답으로 출제했어요.

'특정 부서원'을 그냥 '동료'라고 하는 것처럼 좀 더 넓은 의미의 표현으로 바꿔서도 출제돼요. 이런 패러프레이징 표현을 살펴보겠습니다.

Q. What will the man most likely do next?
남자는 다음에 무엇을 할 것 같은가?

A. Contact a colleague 동료에게 연락하기

 D14_02_2

new house/office 새로운 집/사무실	=	**new location** 새로운 장소[위치]
car/truck 자동차/트럭	=	**vehicle** 차량, 탈것
by e-mail 이메일로	=	**electronically** 컴퓨터로
bus/train/subway 버스/기차/지하철	=	**public transportation** 대중교통
guitarist/singer 기타 연주자/가수	=	**musician** 음악가
workshop/fair 워크숍/박람회	=	**event** 행사
desk/table/bookshelf 책상/탁자/책장	=	**furniture** 가구

PART 3&4
DAY 14

[01-04] 의미상 서로 바꿔 쓸 수 있는 표현끼리 연결하세요.

01. new house   •

02. guitarist   •

03. desk   •

04. bus   •

•   furniture

•   new location

•   public transportation

•   musician

[05-07] 다음 문장을 듣고 빈칸을 채운 후, 빈칸 표현과 바꿔 쓸 수 있는 것을 보기에서 찾아 쓰세요.
(두 번 들려 줍니다.)

> 보기
>
> electronically   event   vehicle

05. The company will be conducting a _____ on communication skills.

           (_____)

06. I'd like to rent a _____ for the weekend.   (_____)

07. The successful candidates will be notified _____ _____.

           (_____)

실전 문제

D14_02_test p. 46

A 다음을 듣고 질문에 가장 알맞은 답을 고르세요.

01. PART 3

What does the man offer the woman?

(A) A discount on some work

(B) A substitute vehicle

(C) A ride to her house

02. PART 4

What are listeners advised to do?

(A) Use public transportation

(B) Avoid a major highway

(C) Purchase tickets online

B 대화/담화를 다시 듣고 빈칸을 채우세요.

01. W: Hi, Dan. This is Melissa Ward. I'm calling to see if my _____ is ready to be

picked up. I need to _____ somewhere later tonight.

M: Unfortunately, it's not. I can _____ you a _____ car from our lot if you

would like.

02. The Summer Fair will kick off this Friday in Gilview. You can expect all the familiar rides,

food, and fun outdoor _____ again this year. To _____ last summer's

traffic jams and long waits on Highway 65, local officials _____ everyone to use

city _____ to get to the fair.

DAY 15 PART 3

문제 유형 익히기 (1)

– 전반적인 내용을 묻는 유형

Part 3&4에서는 문제지에 질문과 보기가 인쇄되어 나오므로 문제 유형을 미리 익혀두면 무엇을 묻는 질문인지 쉽게 파악하고 빠르게 정답을 고를 수 있어요.

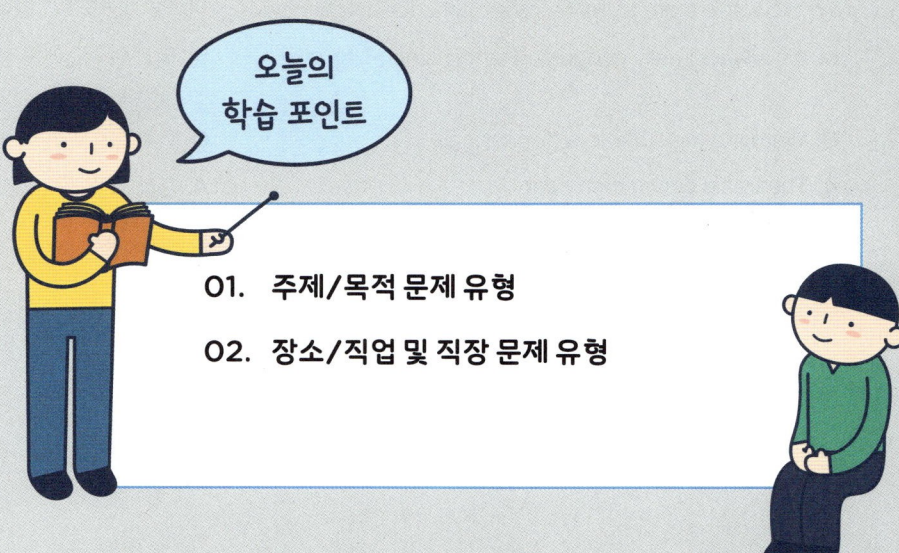

오늘의
학습 포인트

01. 주제/목적 문제 유형

02. 장소/직업 및 직장 문제 유형

🎧 D15_01_1

Q. What is the **main topic** of the conversation?
대화의 주제는 무엇인가?

첫 번째 질문은 주제를 묻는 유형이고, 두 번째 질문은 목적을 묻는 유형이에요.

Q. **Why** is the man **calling**? 남자는 왜 전화하는가?

Part 3 주제/목적 문제는 어떤 식으로 출제되고, 어떻게 풀어야 하는지를 예제와 함께 살펴보겠습니다.

1 주제 문제

화자들이 대화하는 주제를 묻는 문제예요. 대부분 세 문항 중 첫 번째 문항으로 출제되고, 보기는 명사 형태로 구성돼요. 대화 초반부에 들리는 여러 단어들(특히 명사와 동사)을 조합해서 풀어야 해요.

질문 형태	· What is the main topic of the conversation? 대화의 주제는 무엇인가? · What are the speakers discussing? 화자들은 무엇에 관해 이야기하고 있는가? · What is the conversation mainly about? 대화는 주로 무엇에 관한 것인가?
보기 예시	(A) A Web site update 웹사이트 업데이트 (B) A shipping expense 배송 비용 (C) A travel itinerary 여행 일정 (D) A budget proposal 예산안

🎧 D15_01_2

W: Wow, there are so many cars on the road right now.

M: It's always really congested at this time of the day.

Q. What are the speakers discussing?

A. The traffic during rush hour

여: 와, 지금 도로에 차들이 너무 많네요.

남: 항상 이 시간에는 정말 혼잡해요.

Q. 화자들은 무엇에 관해 이야기하고 있는가?

A. 혼잡 시간대의 교통량

→ many cars, congested, at this time 등의 표현을 통해 혼잡 시간대의 교통 정체에 관해 이야기하고 있음을 알 수 있어요.

어휘 congested 혼잡한 traffic 교통(량), 차량들 rush hour 혼잡 시간대

2 목적 문제

전화를 건 목적이나 방문한 목적 등을 묻는 문제예요. 대부분 세 문항 중 첫 번째 문항으로 출제되고, 보기는 To부정사 형태로 구성돼요. 대화 초반부의 목적을 알리는 시그널 표현 주변에서 정답을 찾아야 해요.

질문 형태	· Why is the man[woman] calling? 남자[여자]는 왜 전화하는가? · What is the purpose of the call? 전화의 목적은 무엇인가? · What is the purpose of the man[woman]'s visit? 남자[여자]가 방문한 목적은 무엇인가?
보기 예시	(A) To schedule a repair 수리 일정을 잡기 위해 (B) To inquire about a bill 청구서에 관해 문의하기 위해 (C) To cancel an appointment 약속을 취소하기 위해 (D) To complain about a service 서비스에 대해 항의하기 위해

D15_01_3

W: Good morning, Robert. This is Rose Costa. I'm calling about my rental car for the conference. Have you had a chance to reserve it?	여: 안녕하세요, Robert. 저 Rose Costa예요. 학회에 갈 때 쓸 렌터카 때문에 전화드려요. 예약하셨을까요?
M: I called TG Car Rental last night.	남: 어젯밤에 TG 자동차 대여점에 전화했어요.
Q. Why is the woman calling?	Q. 여자는 왜 전화하는가?
A. To check travel arrangement	A. 출장 준비를 확인하기 위해

→ 목적을 알리는 시그널 표현 I'm calling about 뒤를 주의 깊게 들어요. 여자의 말 I'm calling about my rental car for the conference. Have you had a chance to reserve it?에서 학회에 갈 때 쓸 렌터카를 예약했는지, 즉 출장 준비를 확인하기 위해 전화하는 것임을 알 수 있어요.

어휘 conference 학회, 회의   reserve 예약하다   arrangement 준비

DAY 15 PART 3

연습 문제

p. 48

[01-05] 다음 질문에 해당하는 알맞은 문제 유형을 고르세요.

01. Why is the man calling? ⓐ 주제 ⓑ 목적

02. What is the purpose of the call? ⓐ 주제 ⓑ 목적

03. What is the main topic of the conversation? ⓐ 주제 ⓑ 목적

04. What is the purpose of the woman's visit? ⓐ 주제 ⓑ 목적

05. What are the speakers discussing? ⓐ 주제 ⓑ 목적

[06-10] 다음 표현의 알맞은 의미를 찾아 연결하세요.

06. To cancel an appointment • • ⓐ 배송 비용

07. To inquire about a bill • • ⓑ 여행 일정

08. A travel itinerary • • ⓒ 청구서에 관해 문의하기 위해

09. A shipping expense • • ⓓ 약속을 취소하기 위해

10. To complain about a service • • ⓔ 서비스에 대해 항의하기 위해

A 다음을 듣고 질문에 가장 알맞은 답을 고르세요.

01. PART 3

What is the conversation mainly about?

(A) A move to a new location

(B) A marketing campaign for a café

(C) A rivalry with another business

02. PART 3

What is the purpose of the call?

(A) To reserve a venue

(B) To schedule a service

(C) To make a job offer

B 대화를 다시 듣고 빈칸을 채우세요.

01. W: Our _____ has _____ down a lot since the new coffee shop down the

street _____. I think we need to do something.

M: I know. It's because their coffee is _____.

02. W: Thank you for calling A Day to Remember. How may I help you?

M: Hello, I'd _____ _____ make an _____ to bring my bicycle in to

have new _____ put on.

02 장소/직업 및 직장 문제 유형

무엇을 배울까?

Q. Where are the **speakers**?
화자들은 어디에 있는가?

Q. Who is the man? 남자는 누구인가?

첫 번째 질문은 장소를 묻는 유형이고, 두 번째 질문은 직업을 묻는 유형이에요.

Part 3 장소/직업 및 직장 문제는 어떤 식으로 출제되고, 어떻게 풀어야 하는지를 예제와 함께 살펴보겠습니다.

1 장소 문제

화자들이 어디에 있는지 또는 대화가 어디서 이뤄지고 있는지 묻는 문제예요. 대부분 세 문항 중 첫 번째 문항으로 출제되고, 보기는 '장소를 나타내는 전치사 + 장소 표현' 형태로 구성돼요. 대화 초반부에 들리는 여러 단어들(특히 명사와 동사)을 조합해서 풀어야 해요.

질문 형태	· Where are the speakers? 화자들은 어디에 있는가? · Where is the conversation (most likely) taking place? 대화는 어디에서 일어나는가[일어나는 것 같은가]?
보기 예시	(A) At a bicycle shop 자전거 가게에서 (B) At a stadium 경기장에서 (C) At a theater 극장에서 (D) At a grocery store 식료품점에서

W: Thank you so much for holding the door. Could you push the button for the 20th floor, please?

M: Sure!

Q. Where is the conversation most likely taking place?

A. In an elevator

여: 문 잡아 주셔서 정말 감사해요. 20층 버튼 좀 눌러 주시겠어요?

남: 물론이죠!

Q. 대화는 어디에서 일어나는 것 같은가?

A. 엘리베이터 안에서

→ push, button, floor 등의 표현을 통해 엘리베이터 안에서 일어나는 대화임을 알 수 있어요.

어휘 hold 잡고 있다 push 누르다 button 버튼 floor 층 take place 일어나다

2 직업 및 직장 문제

화자 한 명 또는 화자들의 직업이나 근무하는 직장을 묻는 문제예요. 대부분 세 문항 중 첫 번째 문항으로 출제되고, 보기는 직업을 나타내는 명사 또는 'At + 근무지' 형태로 구성돼요. 대화 초반부에 들리는 여러 단어들(특히 명사와 동사)을 조합해서 풀어야 해요.

질문 형태	· Who (most likely) is the man[woman]? 남자[여자]는 누구인가[누구인 것 같은가]? · Who are the speakers? 화자들은 누구인가?	· Where does the man[woman] work? 남자[여자]는 어디에서 일하는가? · Where do the speakers work? 화자들은 어디에서 일하는가?
보기 예시	(A) A photographer 사진작가 (B) A real estate agent 부동산 중개인 (C) A doctor 의사 (D) A supermarket cashier 슈퍼마켓 계산원	(A) At a radio station 라디오 방송국에서 (B) At a museum 박물관에서 (C) At a library 도서관에서 (D) At a factory 공장에서

🎧 D15_02_3

M: Excuse me. I'm conducting research into why some people are shopping online instead of at traditional malls. Do you have a moment to talk to me? W: Yeah. Well, I think price is the main factor. **Q.** Who most likely is the man? **A.** A market researcher	남: 실례합니다. 저는 왜 일부 사람들이 전통적인 쇼핑몰 대신 온라인으로 쇼핑을 하는지 조사하고 있습니다. 잠깐 얘기할 시간 있으신가요? 여: 네. 음, 제 생각에는 가격이 주요인인 것 같아요. **Q.** 남자는 누구인 것 같은가? **A.** 시장 조사원

→ 남자의 말 I'm conducting research에서 남자의 직업은 조사를 하는 일과 관련된 것임을 유추할 수 있어요.

어휘 conduct 실행하다, 수행하다 research 조사 instead of ~ 대신에 traditional 전통적인 main 주, 주된 factor 요인 researcher 조사원, 연구원

연습 문제

p. 49

[01-05] 다음 질문에 해당하는 알맞은 문제 유형을 고르세요.

01. Where are the speakers?   ⓐ 장소   ⓑ 직업   ⓒ 직장

02. Who most likely is the man?   ⓐ 장소   ⓑ 직업   ⓒ 직장

03. Where does the woman work?   ⓐ 장소   ⓑ 직업   ⓒ 직장

04. Who are the speakers?   ⓐ 장소   ⓑ 직업   ⓒ 직장

05. Where is the conversation taking place?   ⓐ 장소   ⓑ 직업   ⓒ 직장

[06-10] 다음 표현의 알맞은 의미를 찾아 연결하세요.

06. At a library   •   •   ⓐ 슈퍼마켓 계산원

07. At a grocery store   •   •   ⓑ 사진작가

08. A supermarket cashier   •   •   ⓒ 식료품점에서

09. A photographer   •   •   ⓓ 박물관에서

10. At a museum   •   •   ⓔ 도서관에서

실전 문제

D15_02_test p. 49

A 다음을 듣고 질문에 가장 알맞은 답을 고르세요.

01. PART 3

Where most likely are the speakers?

(A) At a private residence

(B) In an educational facility

(C) At a home goods store

02. PART 3

Who most likely is the woman?

(A) An event planner

(B) A school teacher

(C) A photographer

B 대화를 다시 듣고 빈칸을 채우세요.

01. M: Well, that was the last _____ in the _____. Now that you've seen it, what do you think?

W: I like it a lot, especially the modern _____, the large windows, and the fact that it's _____ to several schools.

02. W: Hello. This is Debra Jones. I've been _____ by VIP International School to _____ the 10th anniversary _____ and workshop on their behalf.

M: Hi, Ms. Jones. What can I do for you?

DAY 16 PART 3

문제 유형 익히기 (2)

– 세부적인 내용을 묻는 유형

계속해서 Part 3 문제 유형을 익혀서 대비해요.

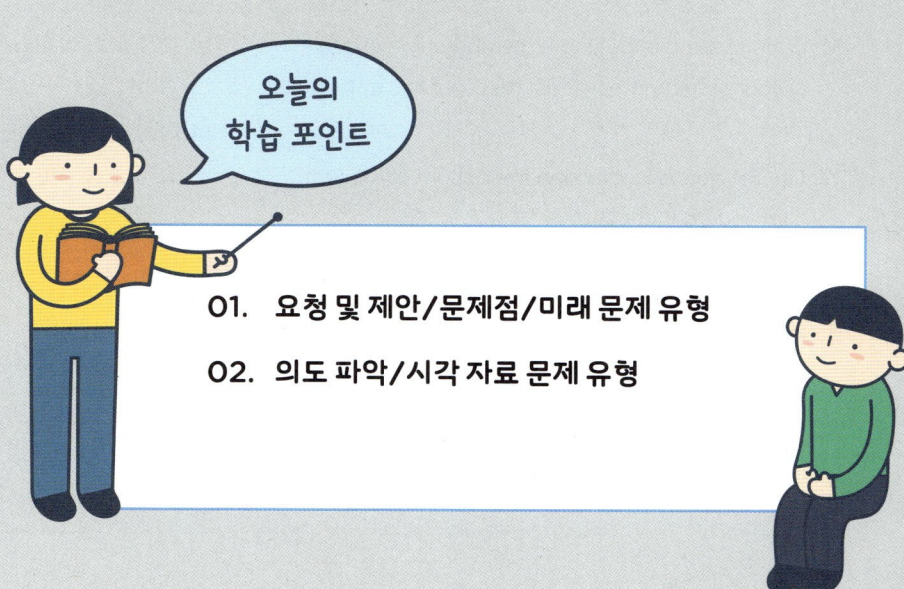

오늘의
학습 포인트

O1.   요청 및 제안/문제점/미래 문제 유형

O2.   의도 파악/시각 자료 문제 유형

무엇을 배울까?

🎧 D16_01_1

Q. What does the man **ask** the woman **to do**?
남자는 여자에게 무엇을 하도록 요청하는가?

Q. What is the man's **problem**?
남자의 문제는 무엇인가?

Q. What will the woman **do next**?
여자는 다음에 무엇을 할 것인가?

첫 번째 질문은 요청 사항을 묻는 유형, 두 번째 질문은 문제점을 묻는 유형, 세 번째 질문은 미래에 벌어질 일을 묻는 유형이에요.

Part 3 요청 및 제안/문제점/미래 문제는 어떤 식으로 출제되고, 어떻게 풀어야 하는지를 예제와 함께 살펴보겠습니다.

---

1 요청 및 제안 문제

한 화자가 상대방에게 요청 또는 제안하는 것이 무엇인지 묻는 문제예요. 대부분 세 문항 중 세 번째 문항으로 출제되고, 보기는 동사구 또는 동명사구 형태로 구성돼요. 질문을 통해 남녀 중 누구의 말을 집중해서 들어야 하는지 파악한 후, 대화 후반부의 요청/제안을 나타내는 시그널 표현 주변에서 정답을 찾아야 해요.

요청 문제 질문 형태	· What does the man[woman] ask the woman[man] to do? 남자[여자]는 여자[남자]에게 무엇을 하도록 요청하는가? · What is the man[woman] asked to do? 남자[여자]는 무엇을 하도록 요청받는가?	
보기 예시	(A) Request a refund 환불 요청하기 (C) Make a payment 지불하기	(B) Hire an assistant 조수 고용하기 (D) Sign a form 양식에 서명하기

🎧 D16_01_2

M: I'm interested in getting a membership card to shop at your store and have just filled out this application form.

W: Oh. Sir, you forgot to **sign** the bottom of the **form**. Can you do that now?

Q. What does the woman ask the man to do?

A. Sign a document

남: 매장에서 쇼핑하기 위한 회원 카드를 만들고 싶어서 방금 이 신청서를 작성했어요.

여: 아. 고객님, 양식 하단에 서명하는 걸 잊으셨군요. 지금 해 주실 수 있나요?

Q. 여자는 남자에게 무엇을 하도록 요청하는가?

A. 문서에 서명하기

→ 요청을 나타내는 시그널 표현 Can you 뒤를 주의 깊게 들어요. 여자의 말 you forgot to sign the bottom of the form. Can you do that now?에서 지금 양식에 서명해 달라고 요청하고 있음을 알 수 있어요.

패러프레이징 form → document

어휘 membership 회원(권) fill out ~을 작성하다 application 신청 form 양식 bottom 하단, 아래 document 서류

제안 문제 질문 형태	· What does the man[woman] suggest[recommend] doing? 남자[여자]는 무엇을 할 것을 제안[권유]하는가? · What does the man[woman] suggest[recommend]? 남자[여자]는 무엇을 제안[권유]하는가?
보기 예시	(A) Requesting a refund 환불 요청하기 (B) Hiring an assistant 조수 고용하기 (C) Making a payment 지불하기 (D) Signing a form 양식에 서명하기

🎧 D16_01_3

M: Have we received our order from Philips Restaurant Supplies?

W: No, not yet.

M: We're running low on paper cups and cutlery. What about canceling our current order and placing a new one with a different supplier?

Q. What does the man suggest?

A. Using a different supplier

남: Philips 레스토랑 용품점에서 주문한 거 받았나요?

여: 아니요, 아직이요.

남: 종이컵과 식기가 바닥나고 있어요. 현 주문을 취소하고 다른 공급업체에 새 주문을 하는 건 어떨까요?

Q. 남자는 무엇을 제안하는가?

A. 다른 공급업체를 이용하는 것

→ 제안을 나타내는 시그널 표현 What about 뒤를 주의 깊게 들어요. 남자의 말 What about ~ placing a new one with a different supplier?에서 다른 공급업체에 새로 주문하는 것을 제안하고 있음을 알 수 있어요.

어휘 receive 받다 run low on ~이 바닥나다 cutlery 식기 current 현재의 place an order 주문하다 different 다른 supplier 공급업체 suggest 제안하다

2 문제점 문제

화자가 언급하는 문제 상황이나 걱정하는 바가 무엇인지 묻는 문제예요. 대부분 세 문항 중 첫 번째 문항으로 출제되고, 보기는 문장 또는 동명사구 형태로 구성돼요. 대화 초/중반부의 문제점을 나타내는 시그널 표현 주변에서 정답을 찾아야 해요.

질문 형태	· What is the man[woman]'s problem? 남자[여자]의 문제는 무엇인가? · What problem does the man[woman] mention? 남자[여자]가 언급하는 문제는 무엇인가? · What are the speakers concerned about? 화자들은 무엇에 대해 걱정하는가?
보기 예시	(A) A piece of equipment is unavailable. 한 장비를 사용할 수 없다. (B) A renovation crew is late. 보수 직원이 늦었다. (C) A project requires extra funding. 프로젝트에 추가 자금이 필요하다. (D) A bill is incorrect. 청구서가 부정확하다.

🎧 D16_01_4

W: Hey, Stanley. I'm supposed to do a workshop at the Goodwin Art Center this Friday. But I'm unsure if the room is set up with the visual equipment that I need. M: Maybe you can find out by checking their Web site. **Q.** What is the woman's problem? **A.** She lacks some information.	여: Stanley, 안녕하세요. 제가 이번 주 금요일에 Goodwin 예술회관에서 워크숍을 하기로 되어 있어요. 하지만 그 공간에 제가 필요한 시각 장비가 설치되어 있는지 확실하지 않아요. 남: 아마 그 예술회관 웹사이트를 확인하면 아실 수 있을 거예요. **Q.** 여자의 문제는 무엇인가? **A.** 어떤 정보가 부족하다.

→ 문제점을 나타내는 시그널 표현 But 뒤를 주의 깊게 들어요. 여자의 말 But I'm unsure if the room is set up with the visual equipment에서 시각 장비가 설치되어 있는지 잘 모르겠다, 즉 어떤 정보가 부족하다는 게 문제임을 알 수 있어요.

[어휘] be supposed to + 동사 ~하기로 되어 있다 unsure 확실하지 않은 set up ~을 설치하다 visual 시각의 equipment 장비
find out ~을 알아내다 lack 부족하다, 결핍되다

3 미래 문제

화자가 다음에 할 일이나 앞으로 일어날 일을 묻는 문제예요. 대부분 세 문항 중 세 번째 문항으로 출제되고, 보기는 동사구 형태로 구성돼요. 대화 후반부의 미래를 나타내는 시그널 표현 주변에서 정답을 찾아야 해요.

질문 형태	· What will the man[woman] (most likely) do next? 남자[여자]는 다음에 무엇을 할 것인가[할 것 같은가]? · What will the speakers (probably) do next? 화자들은 다음에 무엇을 할 것인가[할 것 같은가]?
보기 예시	(A) Request a discount 할인 요청하기 (B) Serve a customer 고객 응대하기 (C) Take an inventory count 재고 개수 세기 (D) Return a purchase 반품하기

🎧 D16_01_5

M: Do you mind if I do it after lunch? I promised Elizabeth that I would help her figure out the new scheduling software right now.

W: That's not a problem.

Q. What will the man most likely do next?

A. Help a colleague

남: 이거 점심 식사 후에 해도 될까요? 제가 Elizabeth에게 지금 바로 새로운 일정 관리 소프트웨어를 파악하는 것을 돕겠다고 약속 했거든요.

여: 괜찮아요.

Q. 남자는 다음에 무엇을 할 것 같은가?

A. 동료 돕기

→ 미래를 나타내는 시그널 표현 I would ~ right now 부분을 주의 깊게 들어요. 남자의 말 I would help her figure out the new scheduling software right now에서 대화 직후에 동료를 도울 것임을 알 수 있어요.

어휘 promise 약속하다 figure out ~을 파악[이해]하다 scheduling 일정 관리 right now 지금 바로 colleague 동료

연습 문제

p. 51

[01-05] 다음 질문에 해당하는 알맞은 문제 유형을 고르세요.

01. What are the speakers concerned about?   ⓐ 요청   ⓑ 제안   ⓒ 문제점   ⓓ 미래

02. What is the woman asked to do?   ⓐ 요청   ⓑ 제안   ⓒ 문제점   ⓓ 미래

03. What problem does the man mention?   ⓐ 요청   ⓑ 제안   ⓒ 문제점   ⓓ 미래

04. What will the speakers probably do next?   ⓐ 요청   ⓑ 제안   ⓒ 문제점   ⓓ 미래

05. What does the man recommend?   ⓐ 요청   ⓑ 제안   ⓒ 문제점   ⓓ 미래

[06-10] 다음 표현의 알맞은 의미를 찾아 연결하세요.

06. Request a refund •   • ⓐ 고객 응대하기

07. Hiring an assistant •   • ⓑ 지불하기

08. Serve a customer •   • ⓒ 환불 요청하기

09. Make a payment •   • ⓓ 청구서가 부정확하다.

10. A bill is incorrect. •   • ⓔ 조수 고용하기

A 다음을 듣고 질문에 가장 알맞은 답을 고르세요.

01. PART 3

What does the woman ask the man to do?

(A) Make an inquiry

(B) Fix an appliance

(C) Visit a property

02. PART 3

What will the man do next?

(A) Explain a concept to a coworker

(B) Contact another department

(C) Attend a staff meeting

B 대화를 다시 듣고 빈칸을 채우세요.

01. W: Well, I noticed some _____ in the basement. If the owners agree to get them

_____, I will purchase the property at their price. _____ _____

_____ them if they'd consider that?

M: Absolutely. I'll call them this afternoon.

02. W: The trainer left his _____ information with the HR _____. Maybe we

can arrange for him to return next week so he can clarify some things.

M: That sounds like a good idea. _____ _____ _____ them now

to get his number.

무엇을 배울까?

Q. What does the man **mean** when he says, "We need a larger hall"?

남자가 "우리는 더 큰 홀이 필요해요"라고 말할 때 의미하는 것은 무엇인가?

Q. Look at the graphic. What exit will the speakers take?

시각 자료를 보시오. 화자들은 어떤 출구로 나갈 것인가?

첫 번째 질문은 화자의 의도를 파악하는 문제 유형이고, 두 번째 질문은 시각 자료 정보와 연계해서 푸는 문제 유형이에요.

Part 3 의도 파악/시각 자료 문제는 어떤 식으로 출제되고, 어떻게 풀어야 하는지를 예제와 함께 살펴보겠습니다.

1 의도 파악 문제

화자가 말한 표현이 어떤 의미인지, 대화 문맥상 의미하는 바를 묻는 문제예요. 보기는 문장 형태로 구성돼요. 먼저 질문에 제시된 문장을 확인하고, 내용의 흐름을 이해하면서 대화를 듣다가 해당 문장이 들리면 바로 앞 문장과 뒤 문장의 문맥을 파악해서 그 의미를 유추해야 해요.

질문 형태	What does the man[woman] mean[imply] when he[she] says, "it doesn't have all you need"? 남자[여자]가 "당신이 필요한 모든 것을 가지고 있지는 않아요"라고 말할 때 의미[암시]하는 것은 무엇인가?
보기 예시	(A) A department has insufficient staff. 부서에 직원이 충분하지 않다. (B) A meeting is unimportant. 회의는 중요하지 않다. (C) A company is low on supplies. 회사는 물자가 부족하다. (D) An available room lacks equipment. 사용 가능한 방에 장비가 없다.

W: However, I think $100 seems high. Can the price be negotiated?

M: Unfortunately, that's as low as it'll go. We have already cut the price a number of times.

Q. What does the man mean when he says, "that's as low as it'll go"?

A. A price will not be reduced.

여: 하지만 100달러는 비싼 것 같아요. 가격을 협상하는 것이 가능한가요?

남: 안타깝게도, 그건 최대한으로 낮춘 거예요. 저희는 이미 여러 번 가격을 인하했어요.

Q. 남자가 "그건 최대한으로 낮춘 거예요"라고 말할 때 의미하는 것은 무엇인가?

A. 가격은 인하되지 않을 것이다.

→ 질문에 제시된 문장은 가격을 협상할 수 있는지 묻는 말에 대한 응답이에요. 뒤이어 이미 여러 번 가격을 인하했다고 한 것으로 보아 "최대한으로 낮춘 것"이라는 말은 더 이상 가격을 낮추지 않을 것이라는 의미임을 알 수 있어요.

어휘 seem ~인 것 같다 negotiate 협상하다 cut 인하하다 a number of times 여러 번 reduce 인하하다

2 시각 자료 문제

대화에서 특정 장소가 어디 근처에 있다고 알려 주면 시각 자료를 보고 그 위치를 찾거나, 대화에서 특정 물건을 언급하면 시각 자료를 보고 그 물건의 가격이나 할인가를 파악하는 등 대화와 시각 자료를 연계해서 풀어야 하는 문제예요. 보기는 시각 자료에 제시된 항목으로 구성돼요. 먼저 시각 자료의 종류 및 항목과 질문의 키워드를 확인한 후, 관련 내용이 대화에서 들리면 시각 자료를 함께 보며 풀어야 해요. 보기로 제시된 항목을 제외한 나머지 항목의 내용이 대화에서 단서로 활용되며 해당 단서와 연결되는 항목이 정답이에요.

시각 자료 종류	지도, 평면도, 일정표, 그래프, 업무 목록, 가격표 등

[가격표]

Type of Apple	Price per pound
Red Delicious	$1.09
McIntosh	$1.99
Envy	$2.49
Honey Crisp	$3.00

질문 형태	Look at the graphic. What type of apple has been reduced in price? 시각 자료를 보시오. 어떤 종류의 사과가 가격이 인하되었는가?

보기 예시	(A) Red Delicious (B) McIntosh (C) Envy (D) Honey Crisp

🎧 D16_02_3

W: So, where should I start?

M: Here's a list of the tasks. Please do the work on the patio first.

Tasks	Location
Discard the expired food	Kitchen
Clean the surfaces	Bar
Repair the steps	Patio
Restock the supplies	Restrooms

Q. Look at the graphic. What will the woman do first?

A. Repair the steps

여: 그럼, 저는 어디서부터 시작할까요?

남: 여기 작업 목록이 있어요. 먼저 테라스에서 작업해 주세요.

작업	위치
기한이 지난 음식 폐기하기	주방
바닥 청소하기	바
계단 수리하기	테라스
용품 보충하기	화장실

Q. 시각 자료를 보시오. 여자는 먼저 무엇을 할 것인가?

A. 계단 수리하기

→ 시각 자료 'Location' 항목의 내용과 질문 키워드 do first가 속한 문장을 주의 깊게 들어요. 남자의 말 Please do the work on the patio first를 듣고 시각 자료를 확인하면 테라스에서 하는 일은 계단 수리임을 알 수 있어요.

[어휘] task 작업, 일   patio 파티오(집 뒤에 있는 테라스)   discard 버리다   expired 기한이 지난   surface 바닥, 표면   repair 수리하다   step 계단   restock 보충하다, 다시 채우다

[01-02] 대화를 읽고 질문에 가장 알맞은 답을 고르세요.

01.
    M: Hi, Brenda. What's your opinion about this morning's class on strategies for marketing new products?

    W: Overall, I thought it was very informative. However, then the instructor started talking about search engine optimization. That was too complicated for me to follow.

    Q. 여자가 "then the instructor started talking about search engine optimization"이라고 말할 때 암시하는 것은 무엇인가?

    (A) 전략을 이해하지 못했다.   (B) 강의가 그렇게 오래 지속될지 몰랐다.

02.
    M: Are you nearly done checking the Paragon Building on Fifth Street? We have two more offices and one home left to inspect before the end of the day.

    W: It's taking longer than I thought. I'm currently on the second floor checking out the wiring.

Paragon Building Directory	
Ground Floor	Chazzee Casual Dining
Second Floor	Colson-Oaks Optometry
Third Floor	Singlari and Associates
Fourth Floor	Bridge Asset Management

    Q. 시각 자료를 보시오. 여자는 현재 어디에서 작업하고 있는가?

    (A) Colson-Oaks Optometry에서   (B) Singlari and Associates에서

A 다음을 듣고 질문에 가장 알맞은 답을 고르세요.

01. PART 3

What does the man mean when he says, "That's OK"?

(A) He is unimpressed with the quality of a product.

(B) He is amazed at the size of a discount.

(C) He does not want to take advantage of a promotion.

02. PART 3

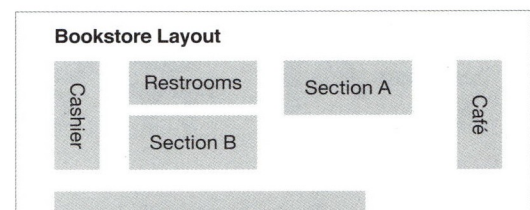

Look at the graphic. Where are the mystery books located?

(A) Section A

(B) Section B

(C) Section C

B 대화를 다시 듣고 빈칸을 채우세요.

01. **M:** I'd like to purchase a pair of winter _____ as a surprise for my wife.

     W: Great! Actually, these gloves are _____ _____. If you _____ them, you can get a matching scarf for 50 percent off.

     M: That's OK. I'm pretty sure my wife is _____ with the scarf she currently has.

02. **W:** Excuse me. I'm looking for a book called *The Vulture Prince* by B.B. Norris. Do you carry it?

     M: It's in our _____ section, _____ the café and the _____ on the second floor.

     W: OK. I'll go look now.

DAY 17 PART 4

문제 유형 익히기 (1)

– 전반적인 내용을 묻는 유형

Part 4는 담화 유형에 따른 빈출 문제 유형이 있어요. 각 문제 유형이 어떤 담화에서 자주 출제되는지 익혀 두면 담화 중 집중해서 들어야 하는 부분과 표현을 미리 준비해서 들을 수 있으므로 정답 찾기가 더 수월해져요.

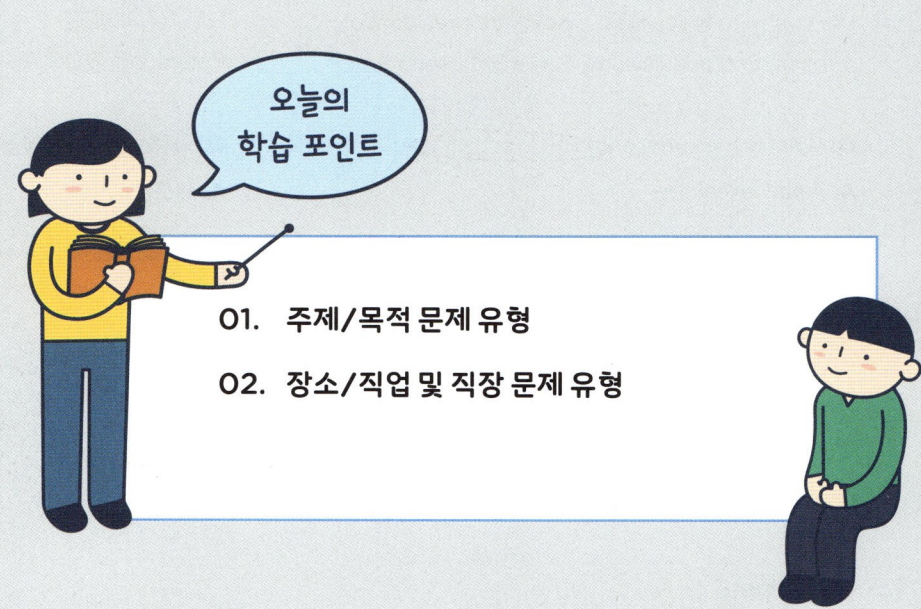

오늘의
학습 포인트

01. 주제/목적 문제 유형

02. 장소/직업 및 직장 문제 유형

무엇을 배울까?

🎧 D17_01_1

Q. What is the main topic of the meeting?
회의의 주제는 무엇인가?

Q. Why is the speaker calling?
화자는 왜 전화하는가?

첫 번째 질문은 회의에서 발췌한 담화의 주제를 묻는 유형이고, 두 번째 질문은 전화 메시지의 목적을 묻는 유형이에요.

Part 4 주제/목적 문제는 어떤 담화 유형에서 자주 출제되고, 어떻게 풀어야 하는지를 예제와 함께 살펴보겠습니다.

---

1 주제 문제

주제 문제는 회의 내용의 일부를 소재로 한 담화에서 자주 출제돼요. 보통 회의를 시작할 때 안건을 소개하므로 담화 초반부를 집중해서 들어야 해요.

질문 형태	· What is the main topic of the meeting? 회의의 주제는 무엇인가? · What is the speaker mainly discussing? 화자는 주로 무엇에 관해 이야기하고 있는가? · What is being discussed? 무엇이 논의되고 있는가?
회의 내용 발췌 빈출 주제	인사 이동, 회사 규정, 행사, 출장, 장비 교체, 사무실 이전, 제품 개발

🎧 D17_01_2

Thank you all for attending today's meeting. I would like you all to welcome our new vice president of mergers and acquisitions, Gayle Peterson.	오늘 회의에 참석해 주셔서 감사합니다. 여러분 모두 우리의 새로운 인수합병 부사장인 Gayle Peterson을 환영해 주시기 바랍니다.
Q. What is the speaker mainly discussing?	**Q.** 화자는 주로 무엇에 관해 이야기하고 있는가?
A. A new executive	**A.** 새로운 임원

→ 초반부에 회의 안건을 알리는 부분인 I would like you all to welcome our new vice president에서 새로운 부사장을 소개하는 것이 주제임을 알 수 있어요.

[패러프레이징] president → executive

[어휘] attend 참석하다   vice president 부사장   merger 합병   acquisition 인수, 획득   executive 임원

2 목적 문제

목적 문제는 전화 메시지 유형의 담화에서 자주 출제돼요. 전화 메시지는 전화를 받는 사람이 부재중이어서 자동 응답기에 녹음한 메시지를 말해요. 담화 초반부에서 전화한 이유나 용건을 알리는 시그널 표현을 듣고 그 주변에서 정답을 찾아야 해요.

질문 형태	· Why is the speaker calling? 화자는 왜 전화하는가? · Why does the speaker call the listener? 화자는 왜 청자에게 전화하는가? · What is the purpose of the call? 전화의 목적은 무엇인가? · What is the purpose of the telephone message? 전화 메시지의 목적은 무엇인가?
전화 메시지 빈출 주제	변경 사항 안내, 제품 문의, 주문 및 환불 요청, 예약 확인, 업무 협조 요청

 D17_01_3

Hi, Dan. This is Rosie. I know you're attending the Packhearst Technology Exposition right now, so I'm calling to give you a notice on what's going on.

Q. Why is the speaker calling?

A. To pass along some information

안녕하세요, Dan. 저는 Rosie예요. 지금 Packhearst 기술 박람회에 참석하고 계신 걸 알고 있어서, 어떤 일이 있는지 알려 드리려고 전화 드렸어요.

Q. 화자는 왜 전화하는가?

A. 정보를 전달하기 위해

→ 전화 용건을 알리는 시그널 표현 I'm calling to 뒤를 주의 깊게 들어요. I'm calling to give you a notice on what's going on에서 일어난 일을 알려 주기 위해 전화하는 것임을 알 수 있어요.

[패러프레이징] give you a notice → pass along some information

[어휘] exposition 박람회   notice 통지, 공지, 안내   pass along ~을 전달하다   information 정보

[01-05] 다음 질문에 해당하는 알맞은 문제 유형을 고르세요.

01. What is the main topic of the meeting?   ⓐ 주제   ⓑ 목적

02. Why does the speaker call the listener?   ⓐ 주제   ⓑ 목적

03. What is being discussed?   ⓐ 주제   ⓑ 목적

04. Why is the speaker calling?   ⓐ 주제   ⓑ 목적

05. What is the purpose of the call?   ⓐ 주제   ⓑ 목적

[06-07] 다음을 듣고 질문에 가장 알맞은 답을 고르세요.

06. 회의의 주제는 무엇인가?
   (A) 새로운 출장 규정   (B) 출장 일정 변경

07. 메시지의 목적은 무엇인가?
   (A) 콘퍼런스 참가 신청을 하는 것   (B) 예약을 확인하는 것

A 다음을 듣고 질문에 가장 알맞은 답을 고르세요.

01. PART 4

What is the speaker mainly discussing?

(A) A mentoring program

(B) A new facility

(C) An educational opportunity

02. PART 4

What is the purpose of the telephone message?

(A) To inform a location

(B) To negotiate a deal

(C) To suggest a repair

B 담화를 다시 듣고 빈칸을 채우세요.

01. Before we discuss next month's promotions, I have some exciting news to _____. We were granted a state _____ to open our own _____-_____ here in the office.

02. Good afternoon, Ms. Feldman. This is Quentin from Simmons Motors _____ about the Yamata Cruiser you brought in yesterday. My mechanics have _____ your vehicle and, since it is in resalable _____, we would like to make you an _____ on it.

무엇을 배울까?

🎧 D17_02_1

Q. Where is the **announcement taking place**? 공지는 어디에서 일어나고 있는가?

Q. Who is the **speaker**? 화자는 누구인가?

첫 번째 질문은 공지를 하는 장소가 어디인지 묻는 유형이고, 두 번째 질문은 직업을 묻는 유형이에요.

Part 4 장소/직업 및 직장 문제는 어떤 담화 유형에서 자주 출제되고, 어떻게 풀어야 하는지를 예제와 함께 살펴보겠습니다.

1 장소 문제

장소 문제는 공지 유형의 담화에서 자주 출제돼요. 공지에는 회사에서 직원들을 대상으로 하는 사내 공지 또는 쇼핑몰, 공항, 역, 박물관과 같은 공공장소에서 하는 안내 방송 등이 있어요. 담화 초반부에 등장하는 장소 시그널 표현과 여러 단어들(특히 명사와 동사)을 듣고 조합해서 풀어야 해요.

질문 형태	· Where is the announcement taking place? 공지는 어디에서 일어나고 있는가? · Where is the announcement being made? 공지는 어디에서 이뤄지고 있는가? · Where (most likely) are the listeners? 청자들은 어디에 있는가[있는 것 같은가]?
공지 빈출 주제	사내 공지	행사 안내, 규정 변경, 장비 변경
	공공장소 공지	기차 또는 비행편 연기 및 취소, 할인 행사, 개점 행사

🎧 D17_02_2

Thank you for coming to this gathering tonight. Mr. Sheffield will be leaving the firm later this month after 25 amazing years as the vice president of R&D.	오늘 밤 이 모임에 참석해 주셔서 감사합니다. Sheffield 씨는 25년이라는 놀라운 시간을 연구 개발 부사장으로 보낸 후 이달 말 회사를 떠날 예정입니다.
Q. Where most likely are the listeners? **A.** At a retirement party	**Q.** 청자들은 어디에 있는 것 같은가? **A.** 퇴직 파티에

→ 초반부에 장소 시그널 표현이 등장하는 부분 coming to this gathering에서 청자들이 모임에 참석하고 있음을 알 수 있고, Mr. Sheffield will be leaving the firm에서 이 모임은 Sheffield 씨의 퇴직을 기념하기 위한 모임임을 알 수 있어요.

패러프레이징 gathering → party / leaving the firm → retirement

어휘 gathering 모임 amazing 놀라운 vice president 부사장 retirement 퇴직, 은퇴

2 직업 및 직장 문제

직업 및 직장 문제는 연설 유형의 담화에서 자주 출제돼요. 특정 행사에서 행사를 소개하고 세부 내용을 전달하는 담화가 여기에 해당해요. 담화 초반부에 화자가 자기소개를 하는 부분, 특히 명사와 동사에 집중해서 듣고 조합해서 풀어야 해요.

질문 형태	· Who (most likely) is the speaker? 화자는 누구인가[누구인 것 같은가]? · Where does the speaker (most likely) work? 화자는 어디에서 일하는가[일하는 것 같은가]?
연설 빈출 주제	시상식, 신입사원 오리엔테이션, 제품 시연회, 견학 및 시찰, 콘퍼런스

🎧 D17_02_3

Welcome to Cloverton's Traditional Art Museum. My name is Sarah Chambers, and I'll be taking you through the exhibits today.

Q. Who most likely is the speaker?

A. A tour guide

Cloverton 전통 미술관에 오신 것을 환영합니다. 제 이름은 Sarah Chambers이고, 오늘 여러분에게 전시를 보여 드릴 것입니다.

Q. 화자는 누구인 것 같은가?

A. 안내 가이드

→ 화자가 자기소개를 하는 부분인 My name is ~ I'll be taking you through the exhibits에서 화자의 직업은 전시를 안내하는 일과 관련된 것임을 유추할 수 있어요.

어휘 take ~ through + 장소 ~를 데리고 장소를 안내하다[견학시키다] exhibit 전시(회)

연습 문제

 D17_02_practice 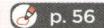 p. 56

[01-05] 다음 질문에 해당하는 알맞은 문제 유형을 고르세요.

01.	Who most likely is the speaker?	ⓐ 장소	ⓑ 직업	ⓒ 직장
02.	Where is the announcement taking place?	ⓐ 장소	ⓑ 직업	ⓒ 직장
03.	Where are the listeners?	ⓐ 장소	ⓑ 직업	ⓒ 직장
04.	Where does the speaker most likely work?	ⓐ 장소	ⓑ 직업	ⓒ 직장
05.	Where is the announcement being made?	ⓐ 장소	ⓑ 직업	ⓒ 직장

[06-07] 다음을 듣고 질문에 가장 알맞은 답을 고르세요.

06. 공지는 어디에서 이뤄지고 있는가?

(A) 공항에서   (B) 기차역에서

07. 화자는 누구인 것 같은가?

(A) 식당 점주   (B) 파티 기획자

A 다음을 듣고 질문에 가장 알맞은 답을 고르세요.

01. PART 4

Where most likely are the listeners?

(A) At a school

(B) In an amusement center

(C) At a museum

02. PART 4

Who most likely is the speaker?

(A) A fitness instructor

(B) A medical professional

(C) A government official

B 담화를 다시 듣고 빈칸을 채우세요.

01. We are proud to announce the _____ of a public pool in _____ Westport _____ _____ located at 815 Canbury street, next to Rutledge High School.

02. Thank you for attending this year's symposium. My name is Mark Bruins, and I am the vice _____ of health and human services for New York City. I'll be _____ the symposium on _____ of the _____'s office.

DAY 18 PART 4

문제 유형 익히기 (2)

– 세부적인 내용을 묻는 유형

계속해서 Part 4 문제 유형을 익혀서 대비해요.

오늘의
학습 포인트

01. 광고 제품 및 서비스/미래 문제 유형

02. 의도 파악/시각 자료 문제 유형

광고 제품 및 서비스/미래 문제 유형

무엇을 배울까?

Q. What is being **advertised**?
무엇이 광고되고 있는가?

Q. What will the speaker **do after** a **break**?
화자는 광고 후 무엇을 할 것인가?

첫 번째 질문은 광고에서 홍보하는 제품 및 서비스에 대해 묻는 유형이고, 두 번째 질문은 방송이나 뉴스를 듣고 앞으로 벌어질 일을 묻는 유형이에요.

Part 4 광고 제품 및 서비스/미래 문제는 어떤 담화 유형에서 자주 출제되고, 어떻게 풀어야 하는지를 예제와 함께 살펴보겠습니다.

1 광고 제품 및 서비스 문제

광고 제품 및 서비스 문제는 광고 유형의 담화를 들려주고 광고하는 제품이나 회사의 업종을 묻는 형태로 출제돼요. 광고 제품에 대한 관심을 유발하는 내용과 회사 이름이 언급되는 담화 초반부를 집중해서 들어야 해요.

질문 형태	· What is being advertised? 무엇이 광고되고 있는가? · What is the advertisement about? 광고는 무엇에 관한 것인가? · What product[service/type of business] is being advertised? 어떤 제품[서비스/업종]이 광고되고 있는가? · What products does the company sell? 회사는 어떤 제품을 판매하는가?
광고 빈출 주제	사무용품/배터리/장비/가구 등 제품 광고, 강좌/이사/조경/여행 등 서비스 광고

Are you looking for office supplies or school supplies? We, at the Paper Emporium, offer selection of <mark>pens, notebooks, envelopes, and other office goods</mark>. **Q.** What is being advertised? **A.** A stationery store	사무용품이나 학용품을 찾고 계시나요? 저희 Paper Emporium에서는 엄선된 <mark>펜, 공책, 봉투 및 기타 사무용품</mark>을 제공합니다. **Q.** 무엇이 광고되고 있는가? **A.** 문구점

→ 회사 이름이 언급되는 부분인 We, at the Paper Emporium, offer selection of pens, notebooks, envelopes, and other office goods에서 문구용품을 판매하는 문구점을 광고하고 있음을 알 수 있어요.

어휘 supplies 용품, 저장품　selection 선별, 선정　envelope 봉투　stationery 문구류

2 미래 문제

미래 문제, 즉 앞으로 일어날 일을 묻는 문제는 방송 및 뉴스 유형의 담화에서 자주 출제돼요. 라디오 방송, 토크 쇼, 뉴스 보도 등이 여기에 해당해요. '~을 듣고 오겠다', '다음에는 무엇이 있을 예정이다'라는 내용이 언급되는 담화 후반부를 집중해서 들어야 해요.

질문 형태	· What will the speaker do after a break? 화자는 광고 후 무엇을 할 것인가? · What will the speaker most likely do next? 화자는 다음에 무엇을 할 것 같은가? · According to the speaker, what will happen next? 화자에 따르면, 다음에 무슨 일이 있을 것인가? · What will the listeners hear next? 청자들은 다음에 무엇을 들을 것인가?
방송 및 뉴스 빈출 주제	음악 콘서트/스포츠 경기/지역 축제 등 행사 소개, 날씨 및 교통 정보, 기업 합병/경제 관련/지역 시설 개선 등 소식, 초대 손님 소개

D18_01_3

Now, it's time for a commercial break. But stay tuned. We'll soon be back with Dr. Brian Weiss to talk about the healthy lifestyle tips.

Q. What will the listeners hear next?

A. A commercial

자, 이제 광고 시간입니다. 하지만 채널 고정하세요. 건강한 생활방식 비법에 관해 이야기해 줄 Brian Weiss 박사와 함께 곧 돌아오겠습니다.

Q. 청자들은 다음에 무엇을 들을 것인가?

A. 광고

→ '~을 듣고 오겠다'라는 내용이 언급되는 부분인 Now, it's time for a commercial break에서 청자들은 다음에 광고를 듣게 될 것임을 알 수 있어요.

어휘 commercial break 상업 광고   stay tuned 채널 고정하다   healthy 건강한   lifestyle 생활방식

[01-05] 다음 질문에 해당하는 알맞은 문제 유형을 고르세요.

01. What service is being advertised?   ⓐ 광고 제품 및 서비스   ⓑ 미래

02. What will the speaker most likely do next?   ⓐ 광고 제품 및 서비스   ⓑ 미래

03. What products does the company sell?   ⓐ 광고 제품 및 서비스   ⓑ 미래

04. What is the advertisement about?   ⓐ 광고 제품 및 서비스   ⓑ 미래

05. What will the listeners hear next?   ⓐ 광고 제품 및 서비스   ⓑ 미래

[06-07] 다음을 듣고 질문에 가장 알맞은 답을 고르세요.

06. 무엇이 광고되고 있는가?

(A) 요리책   (B) 애플리케이션

07. 청자들은 다음에 무엇을 들을 것인가?

(A) 스포츠 뉴스   (B) 교통 정보

A 다음을 듣고 질문에 가장 알맞은 답을 고르세요.

01. PART 4

What type of business is being advertised?

(A) A home appliance store

(B) A cleaning company

(C) A relocation service

02. PART 4

According to the speaker, what will happen next?

(A) A guest will provide some information.

(B) A prizewinner will be announced.

(C) There will be a weather forecast.

B 담화를 다시 듣고 빈칸을 채우세요.

01. Whether you're _____ out of a small _____ or a large family home, Affordable Movers has you covered. Our specialists will _____ everything, from _____ up your clothes and dishes to moving your _____ to your new residence.

02. Now, let's _____ with Michelle Williamson, the _____ of Cloud Pizzeria, who is here to _____ us about how her business is _____ in the fair this year.

02 의도 파악/시각 자료 문제 유형

🎧 D18_02_1

무엇을 배울까?

Q. What does the speaker **mean** when he says,
"it's not as simple as just that"?
화자가 "그렇게 간단하지 않아요"라고 말할 때 의미하는 것은 무엇인가?

Q. Look at the graphic. How much money is still
needed to begin the project?
시각 자료를 보시오. 프로젝트를 시작하려면 아직 얼마나 많은 돈이 필요한가?

첫 번째 질문은 화자의 의도를 파악하는 문제 유형이고, 두 번째
질문은 시각 자료 정보와 연계해서 푸는 문제 유형이에요.

Part 4 의도 파악/시각 자료 문제는 어떤 식으로 출제되
고, 어떻게 풀어야 하는지를 예제와 함께 살펴보겠습니다.

1 의도 파악 문제

화자가 말한 표현의 문맥상 의미를 파악하는 의도 파악 문제는 모든 담화 유형에서 골고루 출제되는 편이에요. 먼저 질문에 제시된
문장을 확인하고, 내용의 흐름을 이해하면서 담화를 듣다가 해당 문장이 들리면 바로 앞 문장과 뒤 문장의 문맥을 파악해서 그
의미를 유추해야 해요.

질문 형태	What does the speaker mean[imply] when he[she] says, "it's not as simple as just that"? 화자가 "그렇게 간단하지 않아요"라고 말할 때 의미[암시]하는 것은 무엇인가?
보기 예시	(A) A task must be completed first. 작업을 먼저 완료해야 한다. (B) A crew has not been fully trained. 팀이 충분한 교육을 받지 못했다. (C) A procedure has been changed. 절차가 변경되었다. (D) A plan has not been approved yet. 계획이 아직 승인되지 않았다.

🎧 D18_02_2

One man said that he waited nearly 45 minutes to get his meal. You know, everyone can see these reviews. I'm concerned that people will read them and stop coming here.

Q. What does the speaker mean when she says, "everyone can see these reviews"?

A. She is worried a business will be affected.

한 남자분이 음식이 나오기까지 거의 45분을 기다렸다고 말했어요. 아시다시피, 모든 사람들이 이 리뷰들을 볼 수 있습니다. 저는 사람들이 리뷰를 읽고 여기 오질 않을까 봐 염려됩니다.

Q. 화자가 "모든 사람들이 이 리뷰들을 볼 수 있습니다"라고 말할 때 의미하는 것은 무엇인가?

A. 사업이 영향을 받을까 봐 걱정스럽다.

→ 질문에 제시된 문장은 한 고객이 남긴 부정적인 리뷰를 언급한 뒤 한 말이에요. 뒤이어 사람들이 리뷰를 읽고 여기 오지 않을까 봐 염려
된다고 한 것으로 보아 "모든 사람들이 이 리뷰들을 볼 수 있다"는 말은 사업이 영향을 받을까 봐 걱정된다는 의미임을 알 수 있어요.

어휘 nearly 거의 review 리뷰, 후기 concerned 염려하는, 걱정하는 affect 영향을 주다

2 시각 자료 문제

담화와 시각 자료를 연계해서 풀어야 하는 시각 자료 문제는 모든 담화 유형에서 골고루 출제되는 편이에요. 먼저 시각 자료의 종류 및 항목과 질문의 키워드를 확인한 후, 관련 내용이 담화에서 들리면 시각 자료를 함께 보며 풀어야 해요. 보기로 제시된 항목을 제외한 나머지 항목의 내용이 담화에서 단서로 활용되며 해당 단서와 연결되는 항목이 정답이에요.

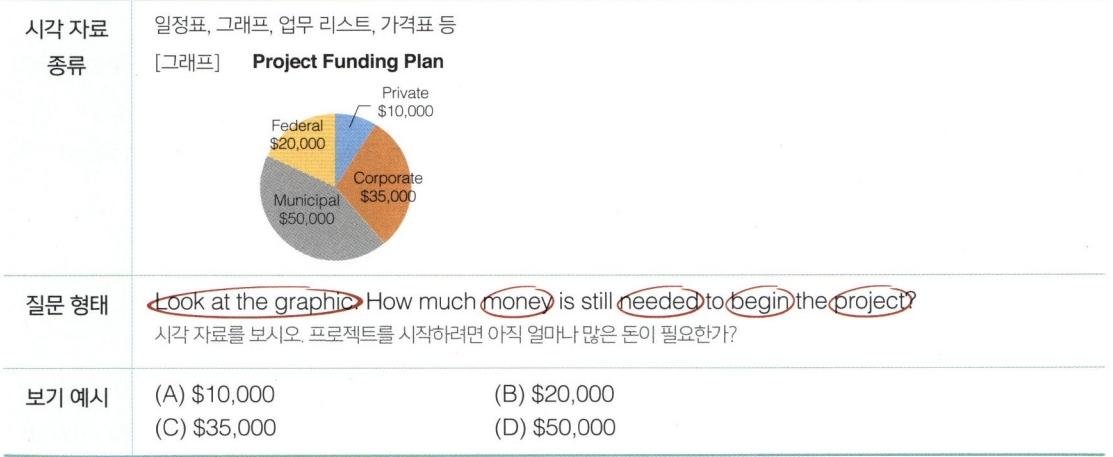

시각 자료 종류	일정표, 그래프, 업무 리스트, 가격표 등 [그래프] Project Funding Plan
질문 형태	Look at the graphic. How much money is still needed to begin the project? 시각 자료를 보시오. 프로젝트를 시작하려면 아직 얼마나 많은 돈이 필요한가?
보기 예시	(A) $10,000 (B) $20,000 (C) $35,000 (D) $50,000

D18_02_3

Our goal is to sell everything to make room for next season's inventory. That is why we've given the <mark>biggest discount</mark> on the <mark>items</mark> that had the <mark>lowest sales</mark> this season.

Lucinda Accessories Holiday Sale Discount List	
Shoes	15% off
Jewelry	25% off
Eyewear	50% off
Handbags	75% off

Q. Look at the graphic. Which items had the lowest sales?

A. Handbags

우리의 목표는 다음 시즌 재고품 공간을 확보하기 위해 전부 파는 것입니다. 그래서 이번 시즌 <mark>최저 판매 품목</mark>을 <mark>가장 많이 할인</mark>해 준 것입니다.

Lucinda 액세서리 휴가철 세일 할인 목록	
신발	15% 할인
보석	25% 할인
안경	50% 할인
핸드백	75% 할인

Q. 시각 자료를 보시오. 어떤 품목의 판매가 가장 낮았는가?

A. 핸드백

→ 시각 자료 항목인 할인율과 질문 키워드 lowest sales가 언급되는 we've given the biggest discount on the items that had the lowest sales this season을 듣고 시각 자료를 확인하면 가장 큰 할인율이 매겨진 품목인 핸드백이 가장 적게 팔렸음을 알 수 있어요.

어휘 goal 목표   room 공간, 방   inventory 재고품, 물품 목록   discount 할인   lowest 최저의   sale 판매량, 매출

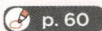
[01-02] 담화를 읽고 질문에 가장 알맞은 답을 고르세요.

01. On tonight's show, I'll be interviewing the head of research at Carter Powell Hospital, Dr. Travis. If his name's not familiar to you, it should be. Dr. Travis is directly responsible for the breakthrough heart medication Brespira, which has helped hundreds of thousands of people nationwide.

Q. 화자가 "it should be"라고 말할 때 의미하는 것은 무엇인가?

   (A) 병원이 환자 진료로 유명하다.   (B) 초대 손님이 중대한 성과를 거두었다.

02. There's going to be a photographer in the office tomorrow to take professional portraits of everyone. Our department is scheduled to have photos taken from 2:00 P.M. to 3:00 P.M.

Photography Schedule March 23	
Human Resources Department	10:00 A.M. – 11:00 A.M.
Finance Department	1:00 P.M. – 2:00 P.M.
Marketing Department	2:00 P.M. – 3:00 P.M.
Customer Service Department	3:00 P.M. – 4:00 P.M.

Q. 시각 자료를 보시오. 화자는 어느 부서에서 근무하는가?

   (A) 재무부에서   (B) 마케팅부에서

A   다음을 듣고 질문에 가장 알맞은 답을 고르세요.

01. PART 4

What does the speaker imply when he says, "any help would be greatly appreciated"?

(A) He is interested in hearing more about an issue.

(B) He would like volunteers to assist at a center.

(C) He wants people to make financial donations.

02. PART 4

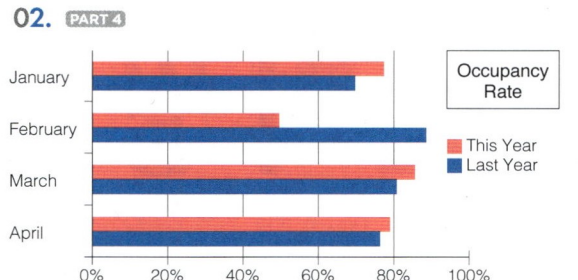

Look at the graphic. When were weather conditions severe this year?

(A) January

(B) February

(C) March

B   담화를 다시 듣고 빈칸을 채우세요.

01.   Despite this success, we are still a long way from _____ our goals. It _____ a lot to keep our shelters open, and we are _____ this year. Therefore, any help would be greatly appreciated. Please speak with me after the presentation if you want to _____.

02.   In fact this year, the occupancy rates have _____ last year's rates every month so far with the _____ of one month. As you know, the severe weather conditions during that _____ resulted in a significant _____ in business.

실력 쌓기

대화를 듣기 전 그리고 들으면서 무엇을 해야 하는지를 익히고, 이를 적용해 보는
연습을 반복함으로써 Part 3 문제에 대한 실전 감각을 키워 봅시다.

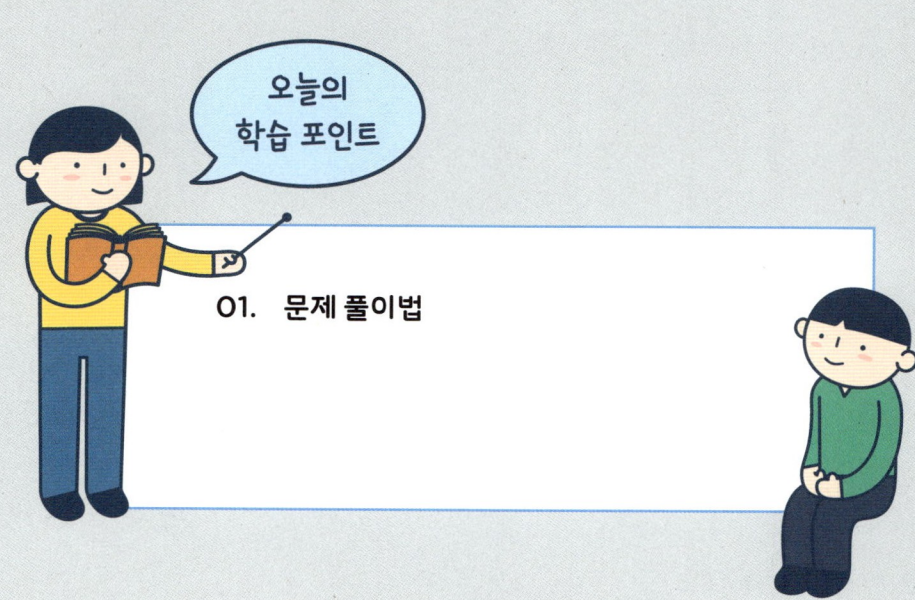

오늘의
학습 포인트

01. 문제 풀이법

01 문제 풀이법

1 핵심 전략 확인

Step 1 문제 유형 파악하기

대화를 듣기 전 질문과 보기의 키워드를 확인하며 문제 유형을 파악해요.

Step 2 대화를 들으며 단서 찾기

보통 대화의 흐름에 맞춰 문제가 출제돼요. 즉, 세 번째 문제의 단서가 대화 초반부에 나오지는 않아요. 따라서 전체 대화를 다 들은 다음 세 문제를 한꺼번에 풀려 하지 말고, 대화를 들으면서 한 문제씩 해당하는 단서 표현이나 키워드 관련 단어를 찾아요.

Step 3 정답 선택하기

단서 표현이 등장하면 그 문장을 주의 깊게 듣고 패러프레이징에 유의하여 정답을 선택해요. 만약 첫 번째 문제의 단서를 놓쳐서 못 풀었다면 과감히 포기하고 이어지는 대화에 집중해야 해요.

2 핵심 전략 적용

Where do the speakers work?
화자들은 어디에서 일하는가?

(A) At a bookstore 서점에서
(B) At a shipping company 운송 회사에서
(C) At a restaurant 레스토랑에서
(D) At a grocery store 식료품점에서

W: Hello, John. This morning I received some boxes of books newly released this month. Can you register them in our bookstore's database and display them on a shelf?
M: Sure, I'll do that right away.

여: 안녕하세요, John. 제가 오늘 아침 이번 달에 새로 나온 책 몇 박스를 받았어요. 그 책들을 서점 데이터베이스에 등록하고 선반에 진열 좀 해 주실 수 있나요?
남: 물론이죠, 지금 바로 할게요.

(A) At a bookstore

Step 1 문제 유형 파악하기

☐ 주제 ☐ 목적 ☐ 장소 ☑ 직업/직장 ☐ 제안/요청
☐ 문제점 ☐ 미래 ☐ 의도 파악 ☐ 시각 자료

→ 질문의 키워드 Where, work를 통해서 직장 문제 유형임을 알 수 있어요.

Step 2 대화를 들으며 단서 찾기

books, our bookstore's database, display, shelf
→ 직장 문제는 대화 초반부에 들리는 명사와 동사 단어들이 단서가 돼요.

Step 3 정답 선택하기

bookstore
→ '책, 서점 데이터베이스' 등의 단서를 조합하면 화자들은 서점에서 근무한다는 것을 알 수 있어요.

A 다음을 들으면서 단계별로 해당하는 것에 체크하세요.

What will the woman do next?
(A) Place an order
(B) Send an e-mail
(C) Download a coupon
(D) Attend a training session

> **Step 1** 문제 유형 파악하기
>
> ☐ 주제   ☐ 목적   ☐ 장소   ☐ 직업/직장   ☐ 제안/요청
>
> ☐ 문제점   ☐ 미래   ☐ 의도 파악   ☐ 시각 자료

> **Step 2** 대화를 들으며 단서 찾기 (대화에 등장하는 단서 표현에 체크하세요.)
>
> ☐ in charge of   ☐ never   ☐ please   ☐ let's   ☐ I'm calling to
>
> ☐ I will   ☐ welcome to

> **Step 3** 정답 선택하기
>
> (A) Place an order
> (B) Send an e-mail
> (C) Download a coupon
> (D) Attend a training session

B 대화를 다시 듣고 빈칸을 채우세요.

M: Do you know _____ our trophies for the awards ceremony will be _____?

W: Wait a second. I received a confirmation _____. I will _____ it to you.

A 다음을 듣고 질문에 가장 알맞은 답을 고르세요.

* 01~03번 문제가 한 세트입니다. 실전처럼 대화를 들으면서 한 문제씩 풀어 보세요.

01.

What are the speakers mainly talking about?

(A) Ordering products

(B) Recruiting more employees

(C) Developing a training program

(D) Expanding the kitchen facilities

03.

What does the man ask the woman to do?

(A) Prepare a meal

(B) Lead a session

(C) Conduct an interview

(D) Write some requirements

02.

What did the company do last quarter?

(A) It moved its headquarters.

(B) It joined a job fair.

(C) It merged with another company.

(D) It opened a new branch.

B 대화를 다시 듣고 빈칸을 채우세요.

M: Caitlyn, you said in the staff meeting yesterday that you need more _____

_____ in the cafeteria. How many people were you thinking of _____?

W: Well, I think we need at least one more chef and one more kitchen assistant. Ever since

we _____ with SoftLab last _____, the lunch rush has been really hard to

keep up with.

M: I guess we'll have to _____ these positions online. Could you write out the job

_____ by this afternoon?

DAY 20 PART 4

실력 쌓기

담화를 듣기 전 그리고 들으면서 무엇을 해야 하는지를 익히고, 이를 적용해 보는 연습을 반복함으로써 Part 4 문제에 대한 실전 감각을 키워 봅시다.

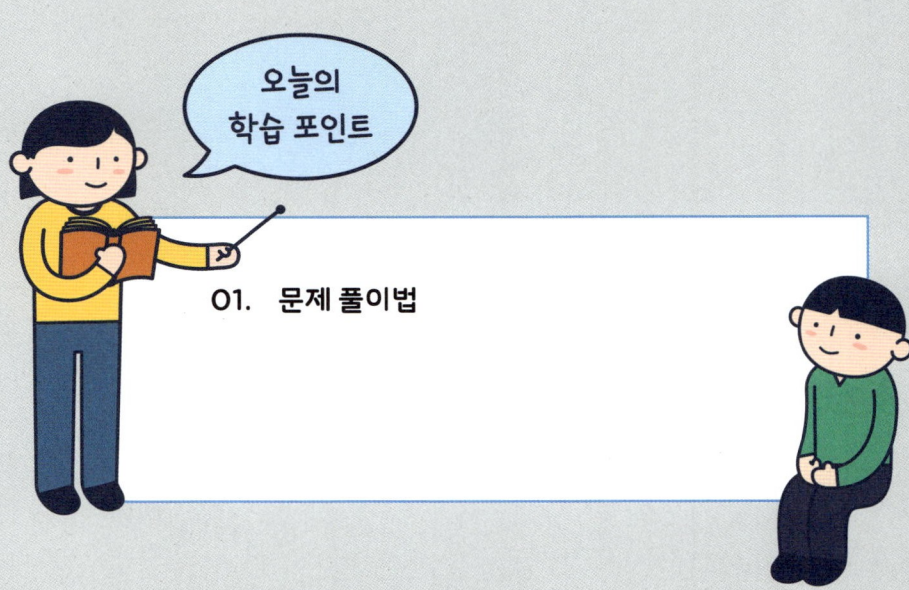

오늘의
학습 포인트

01. 문제 풀이법

01 문제 풀이법

1 핵심 전략 확인

Step 1 문제 유형 파악하기

담화를 듣기 전 질문과 보기의 키워드를 확인하며 문제 유형을 파악해요.

Step 2 담화를 들으며 단서 찾기

보통 담화의 흐름에 맞춰 문제가 출제돼요. 즉, 세 번째 문제의 단서가 담화 초반부에 나오지는 않아요. 따라서 전체 담화를 다 들은 다음 세 문제를 한꺼번에 풀려 하지 말고, 담화를 들으면서 한 문제씩 해당하는 단서 표현이나 키워드 관련 단어를 찾아요.

Step 3 정답 선택하기

단서 표현이 등장하면 그 문장을 주의 깊게 듣고 패러프레이징에 유의하여 정답을 선택해요. 만약 첫 번째 문제의 단서를 놓쳐서 못 풀었다면 과감히 포기하고 이어지는 내용에 집중해야 해요.

2 핵심 전략 적용

What is being advertised?
무엇이 광고되고 있는가?

(A) A kitchen appliance 주방용품
(B) A cooking academy 요리 학원
(C) A recipe book 조리법 책
(D) A restaurant 식당

[광고]

Would you like to improve your cooking skills? Do you want to be a professional chef and own a restaurant? If so, sign up for San Marino Culinary Academy today. You can choose from classes for casual cooks to one-year courses for professional chefs.

요리 솜씨를 향상시키고 싶으십니까? 전문 요리사가 되어 레스토랑을 경영하고 싶으십니까? 그렇다면, 오늘 San Marino 요리 학원에 등록하세요. 여러분은 일반 요리사를 위한 수업부터 전문 요리사를 위한 1년 과정까지 선택하실 수 있습니다.

(B) A cooking academy ─────→

Step 1 문제 유형 파악하기

☐ 주제   ☐ 목적   ☐ 장소   ☐ 직업/직장
☑ 광고 제품/서비스   ☐ 미래   ☐ 의도 파악   ☐ 시각 자료

→ 질문의 키워드 What, advertised를 통해서 광고 제품 및 서비스 문제 유형임을 알 수 있어요.

Step 2 담화를 들으며 단서 찾기

improve ~ cooking skills, sign up ~ Culinary Academy, classes

→ 광고 제품 및 서비스 문제는 담화 초반부에 관심을 유발하는 메시지와 업체명이 언급되는 부분이 단서가 돼요.

Step 3 정답 선택하기

cooking academy

→ 요리 솜씨를 향상시키고 싶은지 묻고, 그렇다면 San Marino 요리 학원에 등록하라고 하는 것을 보아 요리 학원을 광고하고 있음을 알 수 있어요.

A 다음을 들으면서 단계별로 해당하는 것에 체크하세요.

Where is the announcement being made?
(A) At a clothing store
(B) At a food court
(C) At a hardware store
(D) At a computer repair shop

Step 1 문제 유형 파악하기

☐ 주제   ☐ 목적   ☐ 장소   ☐ 직업/직장   ☐ 광고 제품/서비스

☐ 미래   ☐ 의도 파악   ☐ 시각 자료

Step 2 담화를 들으며 단서 찾기 (담화에 등장하는 단서 표현에 체크하세요.)

☐ calling from   ☐ let me   ☐ attention   ☐ I'd like to   ☐ now

Step 3 정답 선택하기

(A) At a clothing store
(B) At a food court
(C) At a hardware store
(D) At a computer repair shop

B 담화를 다시 듣고 빈칸을 채우세요.

_____ Veronica's Fashion _____! Thank you for once again making us the highest-rated _____ _____ in Beane County.

A 다음을 듣고 질문에 가장 알맞은 답을 고르세요.

* 01~03번 문제가 한 세트입니다. 실전처럼 담화를 들으면서 한 문제씩 풀어 보세요.

01.

What event is the speaker discussing?

(A) A job fair

(B) An awards ceremony

(C) A sports tournament

(D) A training session

02.

What does the company most likely sell?

(A) Cleaners

(B) Footwear

(C) Food

(D) Electronics

03.

What will the speaker do next?

(A) Collect some information

(B) Select some items

(C) Distribute some materials

(D) Give a speech

B 담화를 다시 듣고 빈칸을 채우세요.

Thanks for coming to this meeting. The _____ thing I want to talk about is the _____ day that we're going to hold for new employees next week. Some of them have experience in sales or customer service, but none of them have _____ _____ before. It shouldn't be a big transition, but I put together a _____ for the attendees just in case. I will _____ these _____ for you. Then we can all look over it together.

누적 수강생 수 756만*,
수강후기 31만*으로 검증된 강의력.
10년째 영단기를 꾸준히 찾는 이유!
* 영단기 수강생 설문조사 결과 영단기 찾는 이유 1위 강사진 54% (2020년 10월 27~31일)
* 영단기 사이트 내 수강후기 누적건수 314,439개 (2020년 11월 23일 기준)

영단기만의
압도적 강사진

그동안 경험할 수 없던 차원이 다른 강의력!
지금 영단기에서 경험해보세요!

영단기 토익 교재

입문서

영단기 토익 왕기초 LC

영단기 토익 왕기초 RC

영단기 신토익 스타트 LC

영단기 신토익 스타트 RC

영단기 영문법 스타트

기본서

목표 점수 800+

기적의 토익 기출 LC

기적의 토익 기출 RC

목표 점수 900+

영단기 토익 LC

영단기 토익 RC

영단기 토익 기출 보카

필기노트

영단기 700+
기적의 필기노트

영단기 토익 만점자
필기노트 PART 5 문법

LC+RC 통합 기본서

영단기 토익 LC+RC
700+한 달에 끝내기

정재현 토익
똑똑한 기본서 LC+RC

기술서/요약서

영단기 신토익 기술 LC

영단기 신토익 기술
실전 문제집 LC

영단기 신토익 기술 RC

영단기 신토익 기술
실전 문제집 RC

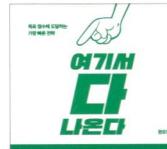
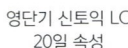
영단기 신토익 LC
20일 속성

영단기 신토익 RC
20일 속성

토린이에서
토른이로

영단기 토익
왕기초 LC

영단기 연구소

정답/
스크립트/
해석/해설

커넥츠 영단기
eng.conects.com

해설집

토익 입문서

토린이에서
토른이로

영단기 토익
왕기초 LC

해설집

듣기 기초 다지기 (1) – 연음

01 하나로 연결되어 들리는 동사/전치사 연음

연습 문제
본문 p. 18

01. near a door　**02.** beside a cabinet　**03.** pair of　**04.** against a wall　**05.** placed in
06. back of a car　**07.** planted along

01. A man is standing <u>near a door</u>. 남자가 문 근처에 서 있다.

02. The women are sitting <u>beside a cabinet</u>. 여자들이 캐비닛 옆에 앉아 있다.
　　어휘 beside ~ 옆에

03. A woman is wearing a <u>pair of</u> glasses. 여자가 안경을 쓰고 있다.
　　어휘 wear (안경·모자 등을) 쓰다　a pair of 한 쌍의

04. A man is leaning <u>against a wall</u>. 남자가 벽에 기대어 서 있다.
　　어휘 lean 기대다　wall 벽

05. Some plates have been <u>placed in</u> a sink. 그릇들이 싱크대 안에 놓여 있다.
　　어휘 plate 그릇, 접시

06. A man is putting a suitcase into the <u>back of a car</u>. 남자가 차 뒤에 여행 가방을 싣고 있다.

07. Some trees have been <u>planted along</u> the street. 나무 몇 그루가 길을 따라 심어져 있다.
　　어휘 plant 나무를 심다

실전 문제
본문 p. 19

A 01. (A)　**02.** (B)
B 01. stacked / chairs　**02.** back / standing

01. (A) Some plates are <u>stacked</u> on a table. 그릇들이 테이블 위에 쌓여 있다.
　　(B) Some <u>chairs</u> are arranged in a room. 의자들이 방 안에 배치되어 있다.
　　해설 (A) 그릇들이 테이블 위에 쌓여 있는 모습을 정확히 묘사했으므로 정답입니다.
　　　　(B) 사진에 의자가 보이지 않으므로 오답입니다.
　　어휘 stack 쌓다　arrange 배치하다

02. (A) He is looking into the <u>back</u> of a vehicle. 남자가 차량 뒤를 들여다보고 있다.
　　(B) He is <u>standing</u> in front of a car. 남자가 차 앞에 서 있다.
　　해설 (A) 남자는 차 뒤를 들여다보는 것이 아니라 차 앞에 서 있으므로 오답입니다.
　　　　(B) 남자가 차 앞에서 있는 모습을 정확히 묘사했으므로 정답입니다.
　　어휘 look into ~을 들여다보다

02 이어지면서 한 번만 발음되어 들리는 연음

01. A man <u>is serving</u> a dish. 남자가 요리를 제공하고 있다.
> 어휘 serve (식당 등에서 음식을) 제공하다   dish 요리, 그릇

02. <u>She is</u> wearing a jacket. 여자가 재킷을 입고 있다.

03. <u>He is selecting</u> some fruit. 남자가 과일을 고르고 있다.
> 어휘 select 고르다

04. A man is tying <u>his shoelaces</u>. 남자가 신발 끈을 묶고 있다.
> 어휘 tie 묶다   shoelace 신발 끈

05. The men are picking <u>up packages</u>. 남자들이 상자를 집어 들고 있다.
> 어휘 pick up ~을 집어 들다   package 소포, 상자

06. <u>She is scrubbing</u> a sink with a brush. 여자가 솔로 싱크대를 문지르고 있다.
> 어휘 scrub 문지르다   sink 싱크대, 개수대

07. A wheelbarrow is placed <u>next to</u> a tree. 손수레가 나무 옆에 놓여 있다.
> 어휘 wheelbarrow 손수레

08. Some people are handing <u>out tickets</u>. 몇몇 사람들이 표를 나눠주고 있다.
> 어휘 hand out ~을 나눠주다

09. A man is placing a tray <u>of food</u>. 남자가 음식 쟁반을 놓고 있다.
> 어휘 tray 쟁반

10. A man is pulling <u>his suitcase</u>. 남자가 여행 가방을 끌고 있다.
> 어휘 suitcase 여행 가방

01. **(A) They are <u>seated</u> next to each other.** 사람들이 서로 옆에 앉아 있다.

   (B) They are moving <u>equipment</u> to the front. 사람들이 장비를 앞쪽으로 옮기고 있다.
> 해설 (A) 사람들이 서로 옆에 앉아 있는 모습을 정확히 묘사했으므로 정답입니다.
>   (B) 사진에 장비가 보이지 않으므로 오답입니다.
> 어휘 each other 서로   equipment 장비, 설비

02. (A) He is setting up a <u>table</u>. 남자가 테이블을 차리고 있다.

(B) He is <u>sitting</u> on a bench. 남자가 벤치에 앉아 있다.

[해설] (A) 사진에 테이블이 보이지 않으므로 오답입니다.

(B) 남자가 벤치에 앉아 있는 모습을 정확히 묘사했으므로 정답입니다.

[어휘] **set up** ~을 차리다, 준비하다

01 필수 시제

연습 문제   본문 p. 29

01. is looking (현재진행 시제)   **02.** are opening (현재진행 시제)   **03.** is writing (현재진행 시제)

04. are empty (현재 시제)   **05.** There is (현재 시제)   **06.** has opened (현재완료 시제)

07. has stopped (현재완료 시제)   **08.** has docked (현재완료 시제)   **09.** are waiting (현재진행 시제)

10. is unoccupied (현재 시제)

01. A woman is looking into her bag. 여자가 자신의 가방을 들여다보고 있다.

02. They are opening a window. 사람들이 창문을 열고 있다.

03. He is writing on a document. 남자가 서류에 쓰고 있다.
> 어휘 document 서류, 문서

04. Some benches are empty. 벤치가 비어 있다.
> 어휘 empty 빈

05. There is a water dispenser beside a door. 문 옆에 정수기가 있다.
> 어휘 water dispenser 정수기

06. She has opened a door. 여자가 문을 열었다.

07. A man has stopped at a reception desk. 남자가 안내 데스크 앞에 멈춰 있다.

08. A boat has docked in a harbor. 배가 항구에 정박해 있다.
> 어휘 dock 정박하다, 대다   harbor 항구

09. Some people are waiting in a lobby. 몇몇 사람들이 로비에서 기다리고 있다.

10. An office is unoccupied. 사무실이 비어 있다.
> 어휘 unoccupied 비어 있는

실전 문제   본문 p. 30

A 01. (A)   **02.** (A)

B 01. paintings / taking   **02.** fallen / full

01. (A) There are paintings on a wall. 벽에 그림들이 있다.

   (B) A woman is taking a picture. 여자가 사진을 찍고 있다.
> 해설 (A) 그림들이 벽에 걸려 있는 모습을 정확히 묘사했으므로 정답입니다.
>
>   (B) 여자는 사진을 찍고 있는 것이 아니라 그림을 보고 있으므로 오답입니다.
> 어휘 painting 그림   wall 벽   take a picture 사진을 찍다

02. (A) Leaves have fallen on the ground. 나뭇잎이 바닥에 떨어져 있다.

(B) The trash can is almost full. 쓰레기통이 거의 가득 차 있다.

[해설] (A) 나뭇잎이 바닥에 떨어져 있는 모습을 정확히 묘사했으므로 정답입니다.

(B) 쓰레기통은 가득 찬 것이 아니라 비어 있으므로 오답입니다.

[어휘] leaf 나뭇잎 (복수형: leaves)   ground 땅   trash can 쓰레기통

02 필수 수동태

연습 문제

본문 p. 32

01. is being parked (현재진행 수동태)   **02.** have been lined (현재완료 수동태)   **03.** is being repaired (현재진행 수동태)

04. has been set (현재완료 수동태)   **05.** are being planted (현재진행 수동태)   **06.** is covered (현재 수동태)

07. is propped (현재 수동태)   **08.** are being built (현재진행 수동태)   **09.** have been placed (현재완료 수동태)

10. is being set (현재진행 수동태)

01. A truck is being parked in a garage. 트럭이 차고에 주차되고 있다.

[어휘] garage 차고

02. Some chairs have been lined up under a mirror. 의자들이 거울 아래에 줄지어 있다.

[어휘] mirror 거울

03. A light fixture is being repaired. 조명이 수리되고 있다.

[어휘] light fixture 조명   repair 수리하다

04. A briefcase has been set on the floor. 서류 가방이 바닥에 놓여 있다.

[어휘] briefcase 서류 가방   set 놓다   floor 바닥

05. Some trees are being planted along a street. 나무들이 길을 따라 심어지고 있다.

06. A floor is covered with carpeting. 바닥이 카펫으로 덮여 있다.

[어휘] cover 덮다   carpeting 카펫류

07. Some artwork is propped up against the sofa. 예술품들이 소파에 기대어 세워져 있다.

[어휘] prop up against ~을 기대어 세워 놓다

08. Some houses are being built next to a pier. 집들이 부두 옆에 지어지고 있다.

[어휘] pier 부두

09. Some stools have been placed beside a door. 의자들이 문 옆에 놓여 있다.

[어휘] stool (팔걸이가 없는) 의자

10. A stage is being set up indoors. 실내에 무대가 설치되고 있다.

[어휘] set up ~을 설치하다   indoors 실내에

A 01. (B)   **02.** (A)

B 01. holding / propped   **02.** decorations / closed

---

01. (A) The man is <u>holding</u> a helmet. 남자가 헬멧을 들고 있다.

     (B) The bicycle is <u>propped</u> against the wall. 자전거가 벽에 기대어져 있다.

     해설 (A) 남자는 헬멧을 들고 있는 것이 아니라 쓰고 있으므로 오답입니다.

           (B) 자전거가 벽에 기대어져 있는 모습을 정확히 묘사했으므로 정답입니다.

02. (A) Some <u>decorations</u> have been arranged on a sofa. 장식품들이 소파 위에 배열되어 있다.

     (B) The curtains are <u>closed</u>. 커튼이 닫혀 있다.

     해설 (A) 소파 위에 장식품, 즉 쿠션들이 놓여 있는 모습을 정확히 묘사했으므로 정답입니다.

           (B) 커튼은 닫혀 있는 것이 아니라 열어 젖혀져 있으므로 오답입니다.

     어휘 decoration 장식(품)   arrange 배열하다

01 사람 동작/상태 묘사 빈출 표현

연습 문제
본문 p. 42

01. wiping – a counter   **02.** reading – a newspaper   **03.** pressing – a button

04. using – a laptop computer   **05.** examining – some papers

실전 문제
본문 p. 42

A 01. (B)   **02.** (B)

B 01. resting / sweeping   **02.** inspecting / playing

01. (A) She is <u>resting</u> on a sofa. 여자가 소파에서 쉬고 있다.

    (B) She is sweeping a floor. 여자가 바닥을 쓸고 있다.

    [해설] (A) 여자는 소파에서 쉬고 있는 것이 아니라 바닥을 쓸고 있으므로 오답입니다.

       (B) 여자가 바닥을 쓸고 있는 동작을 정확히 묘사했으므로 정답입니다.

    [어휘] rest 쉬다   sweep 쓸다

02. (A) She is <u>inspecting</u> a shelf. 여자가 선반을 살펴보고 있다.

    (B) She is <u>playing</u> music. 여자가 음악을 연주하고 있다.

    [해설] (A) 여자는 선반을 살펴보고 있는 것이 아니라 기타를 연주하고 있으므로 오답입니다.

       (B) 여자가 음악을 연주하고 있는 동작을 정확히 묘사했으므로 정답입니다.

    [어휘] inspect 살펴보다   shelf 선반

02 빈출 사람 명사

연습 문제
본문 p. 45

01. customer   **02.** tourist   **03.** diner   **04.** shopper   **05.** worker

01. A <u>customer</u> is waiting in line. 고객이 줄을 서서 기다리고 있다.

02. A <u>tourist</u> is walking on a bridge. 여행객이 다리 위를 걷고 있다.

03. A <u>diner</u> is seated next to some windows. 식사하는 사람이 창가 옆에 앉아 있다.

04. A <u>shopper</u> is trying on a jacket. 쇼핑객이 재킷을 입어 보고 있다.

    [어휘] try on ~을 입어 보다

05. A <u>worker</u> is repairing a car. 작업자가 차를 수리하고 있다.

    [어휘] repair 수리하다

A 01. (A) 02. (B)
B 01. pedestrians / audience 02. Passengers / cyclists

01. **(A) Some <u>pedestrians</u> are crossing the street.** 몇몇 보행자들이 길을 건너고 있다.

(B) The <u>audience</u> are watching a musical performance. 관객들이 음악 공연을 보고 있다.

[해설] (A) 보행자들이 길을 건너고 있는 동작을 정확히 묘사했으므로 정답입니다.

(B) 사진에 관객이나 공연자가 보이지 않으므로 오답입니다.

[어휘] pedestrian 보행자 cross 건너다 audience 관객 performance 공연

02. (A) <u>Passengers</u> are boarding the train. 탑승객들이 기차를 타고 있다.

(B) There are some <u>cyclists</u> on a pathway. 오솔길에 몇몇 자전거 타는 사람들이 있다.

[해설] (A) 사진에 탑승객과 기차가 보이지 않으므로 오답입니다.

(B) 오솔길에서 자전거를 타는 사람들을 정확히 묘사했으므로 정답입니다.

[어휘] passenger 탑승객 board 탑승하다, 타다 cyclist 자전거 타는 사람 pathway 오솔길

01 사물 상태 묘사 빈출 표현

연습 문제
본문 p. 51

01. stacked – on a cart　　**02.** docked – in the harbor　　**03.** a drawer – has been filled

04. floating – in the water　　**05.** lined up – in a row

실전 문제
본문 p. 51

A 01. (B)　　**02.** (B)

B 01. placed / displayed　　**02.** left / hanging

01. (A) Items are <u>placed</u> in a shopping cart. 물건들이 쇼핑 카트에 놓여 있다.

　　(B) Items are displayed on shelves. 물건들이 선반에 진열되어 있다.

　　해설 (A) 사진에 쇼핑 카트가 보이지 않으므로 오답입니다.

　　　　(B) 물건들이 선반에 진열되어 있는 모습을 정확히 묘사했으므로 정답입니다.

　　어휘 shopping cart 쇼핑 카트　 display 진열하다　 shelf 선반 (복수형: shelves)

02. (A) A painting has been <u>left</u> on the floor. 그림이 바닥에 놓여 있다.

　　(B) A painting is hanging on a wall. 그림이 벽에 걸려 있다.

　　해설 (A) 그림은 바닥에 놓여 있는 것이 아니라 벽에 걸려 있으므로 오답입니다.

　　　　(B) 그림이 벽에 걸려 있는 모습을 정확히 묘사했으므로 정답입니다.

　　어휘 painting 그림　 floor 바닥, 층　 hang 걸리다

02 빈출 사물 명사

연습 문제
본문 p. 57

01. stopped – at a traffic light　　**02.** a bridge – crosses　　**03.** boarding – a train

04. clothing – is hanging　　**05.** some bushes – have been planted

실전 문제
본문 p. 57

A 01. (B)　　**02.** (A)

B 01. copy machine / computer monitor　　**02.** platform / fixed

01. (A) A man is using a <u>copy</u> machine. 남자가 복사기를 사용하고 있다.

　　(B) A man is looking at a computer monitor. 남자가 컴퓨터 모니터를 보고 있다.

해설 (A) 사진에 복사기가 보이지 않으므로 오답입니다.

(B) 남자가 컴퓨터 모니터를 보고 있는 모습을 정확히 묘사했으므로 정답입니다.

어휘 copy machine 복사기

02. (A) A train is stopped at a <u>platform</u>. 기차가 플랫폼에 멈춰 있다.

(B) Some train tracks are being <u>fixed</u>. 기차선로들이 고쳐지고 있다.

해설 (A) 기차가 플랫폼에 멈춰 있는 모습을 정확히 묘사했으므로 정답입니다.

(B) 사진에 선로 및 선로를 고치는 사람이 보이지 않으므로 오답입니다.

어휘 train track 기차선로   fix 고치다

01 사람 중심 사진 문제 풀이법

본문 p. 62

연습 문제

| [01-04] | 01. ⓑ | 02. ⓐ | 03. ⓐ | 04. ⓐ |
| [05-08] | 05. ◎ | 06. ◎ | 07. ✕ | 08. ✕ |

[01-04]

01. ⓐ He is 남자가

ⓑ **A woman is** 여자가

해설 사진에 여자가 등장하므로 ⓑ가 정답입니다.

02. ⓐ **standing at a counter** 조리대에 서 있다

ⓑ sitting on a chair 의자에 앉아 있다

해설 의자에 앉아 있는 것이 아니라 조리대에 서 있으므로 ⓐ가 정답입니다.

03. ⓐ **pouring coffee** 커피를 따르고 있다

ⓑ drinking from a cup 컵으로 마시고 있다

해설 컵으로 마시고 있는 것이 아니라 커피를 컵에 따르고 있으므로 ⓐ가 정답입니다.

어휘 pour 따르다, 붓다

04. ⓐ **holding a cup** 컵을 들고 있다

ⓑ carrying a tray 쟁반을 나르고 있다

해설 쟁반을 나르고 있는 것이 아니라 컵을 들고 있으므로 ⓐ가 정답입니다.

[05-08]

05. A woman is standing behind a counter. 여자가 조리대 뒤에 서 있다.

해설 여자가 조리대 뒤에 서 있는 모습을 올바르게 묘사했습니다.

06. A woman is pouring coffee into a cup. 여자가 커피를 컵에 따르고 있다.

해설 여자가 커피를 컵에 따르고 있는 동작을 올바르게 묘사했습니다.

07. A woman is sitting at a table. 여자가 테이블에 앉아 있다.

해설 여자는 테이블에 앉아 있는 것이 아니라 조리대 뒤에 서 있습니다.

08. A woman is carrying a tray. 여자가 쟁반을 나르고 있다.

해설 여자는 쟁반을 나르고 있는 것이 아니라 컵을 들고 커피를 따르고 있습니다.

01. (A) A woman is <u>mowing</u> a <u>lawn</u>. 여자가 잔디를 깎고 있다.

    (B) A woman is <u>holding</u> a <u>hammer</u>. 여자가 망치를 들고 있다.

    (C) A woman is <u>picking</u> up some <u>fruit</u>. 여자가 과일을 집고 있다.

    (D) A woman is <u>pushing</u> a <u>wheelbarrow</u>. 여자가 손수레를 밀고 있다.

    해설 (A) 여자는 잔디를 깎고 있는 것이 아니라 잔디 위에서 손수레를 밀고 있으므로 오답입니다.

        (B) 사진에 망치가 보이지 않으므로 오답입니다.

        (C) 사진에 과일이 보이지 않으므로 오답입니다.

        (D) 여자가 손수레를 밀고 있는 동작을 정확히 묘사했으므로 정답입니다.

    어휘 mow (풀을) 깎다, 베다   lawn 잔디   hammer 망치   wheelbarrow 손수레

02. (A) A man is <u>wearing</u> safety <u>glasses</u>. 남자가 보안경을 쓰고 있다.

    (B) A man is <u>using</u> a <u>tool</u>. 남자가 도구를 사용하고 있다.

    (C) A man is <u>sitting</u> on a <u>bench</u>. 남자가 벤치에 앉아 있다.

    (D) A man is <u>cleaning</u> a <u>window</u>. 남자가 창문을 청소하고 있다.

    해설 (A) 사진에 보안경이 보이지 않으므로 오답입니다.

        (B) 남자가 도구를 사용하는 동작을 정확히 묘사했으므로 정답입니다.

        (C) 남자는 서 있으며, 사진에 벤치가 보이지 않으므로 오답입니다.

        (D) 남자는 창문을 청소하고 있는 것이 아니라 도구를 사용하고 있으므로 오답입니다.

    어휘 safety glasses 보안경   tool 도구   clean 청소하다

02 사물/배경 중심 사진 문제 풀이법

[01-04]

01. ⓐ **Lights are hanging**. 조명이 매달려 있다.

    ⓑ Lights are on the table. 조명이 테이블 위에 있다.

    해설 조명은 테이블에 올려져 있는 것이 아니라 천장에 매달려 있으므로 ⓐ가 정답입니다.

    어휘 hang 매달리다, 걸리다

02. ⓐ **A table is set.** 테이블이 준비되어 있다.

    ⓑ Some tables are arranged. 테이블들이 배열되어 있다.

테이블 여러 개가 배열된 것이 아니라 하나의 테이블 위에 접시와 컵 등을 갖추어 놓은 상태이므로 ⓐ가 정답입니다.

어휘 set (식탁을) 준비하다, 차리다

03. ⓐ Seats are occupied. 자리가 차 있다.

ⓑ Seats are unoccupied. 자리가 비어 있다.

해설 자리에 사람들이 앉아 있는 것이 아니라 비어 있으므로 ⓑ가 정답입니다.

어휘 occupied 차 있는, 점유된   unoccupied 비어 있는

04. ⓐ Some plates are filled. 접시들이 채워져 있다.

ⓑ Some plates are placed. 접시들이 놓여 있다.

해설 접시는 음식으로 채워져 있는 것이 아니라 비워진 채로 놓여 있으므로 ⓑ가 정답입니다.

어휘 fill 채우다

[05-08]

05. Some plates are filled with food. 접시들이 음식으로 채워져 있다.

해설 접시는 음식으로 채워져 있는 것이 아니라 비워진 채로 놓여 있습니다.

06. Some tables are arranged in a circle. 테이블들이 원형으로 배열되어 있다.

해설 테이블 여러 개가 원형으로 배열된 것이 아니라 테이블 하나만 준비되어 있습니다.

07. Lights are hanging from a ceiling. 조명이 천장에 매달려 있다.

해설 조명이 천장에 매달려 있는 모습을 정확히 묘사했습니다.

어휘 ceiling 천장

08. Some seats are occupied. 자리들이 차 있다.

해설 자리는 모두 비어 있습니다.

실전 문제

본문 p. 67

A 01. (B)   **02.** (C)

B 01. Pedestrians / stopped / tables / outdoors / cars / parked / Chairs / stacked

02. people / boarding / bridge / built / boat / docked / crowded / passengers

01. (A) Pedestrians are stopped at a traffic sign. 보행자들이 교통 신호에 멈춰서 있다.

(B) Some tables are set up outdoors. 테이블들이 야외에 설치되어 있다.

(C) Some cars are parked along the street. 차들이 길을 따라 주차되어 있다.

(D) Chairs have been stacked in a corner. 모퉁이에 의자들이 쌓여 있다.

해설 (A) 사진에 보행자가 보이지 않으므로 오답입니다.

(B) 테이블들이 야외에 설치되어 있는 모습을 정확히 묘사했으므로 정답입니다.

(C) 사진에 차가 보이지 않으므로 오답입니다.

(D) 의자는 모퉁이에 쌓여 있는 것이 아니라 각 테이블과 함께 배치되어 있으므로 오답입니다.

어휘 pedestrian 보행자   traffic sign 교통 신호   set up ~을 설치하다   outdoors 야외에   along ~을 따라   stack 쌓다   corner 모퉁이

02. (A) Some <u>people</u> are <u>boarding</u> a boat. 몇몇 사람들이 배에 타고 있다.

(B) A <u>bridge</u> has been <u>built</u> over a river. 다리가 강 위에 놓여 있다.

(C) A <u>boat</u> has <u>docked</u> at a pier. 배가 부두에 정박해 있다.

(D) A dock is <u>crowded</u> with <u>passengers</u>. 부두가 탑승객들로 붐빈다.

[해설] (A) 사진에 사람이 보이지 않으므로 오답입니다.

(B) 사진에 다리가 보이지 않으므로 오답입니다.

(C) 배가 부두에 정박해 있는 모습을 정확히 묘사했으므로 정답입니다.

(D) 사진에 탑승객이 보이지 않으므로 오답입니다.

[어휘] board 탑승하다   bridge 다리   dock 정박하다; 부두, 선창   pier 부두   crowded with ~로 붐비는

01 자음의 발음이 유사한 단어 구별

연습 문제
본문 p. 72

[01-05] 01. ⓑ   02. ⓐ   03. ⓑ   04. ⓑ   05. ⓐ

[06-10] 06. ⓐ   07. ⓐ   08. ⓑ   09. ⓑ   10. ⓐ

[06-10]

06. Where do you <u>hold</u> the event? 어디에서 행사를 여시나요?

07. Can you <u>fill</u> out this form? 이 양식을 작성해 주시겠어요?

　　〔어휘〕 fill out ~을 작성하다　form 양식, 서식

08. You will find the subway station on your <u>right</u>. 오른쪽에 지하철역이 있을 거예요.

09. I usually <u>walk</u> to the office. 저는 보통 사무실에 걸어가요.

10. Please <u>tell</u> him about the budget. 그에게 예산에 관해 말해 주세요.

　　〔어휘〕 budget 예산

실전 문제
본문 p. 73

A 01. (A)   02. (B)

B 01. load / Sure / Road   02. hold / fold / month

01. Can you help <u>load</u> these boxes onto the truck? 이 상자들을 트럭에 싣는 것 좀 도와주시겠어요?

　　(A) Sure, I will be there soon. 물론이죠, 곧 거기로 갈게요.

　　(B) On Franklin <u>Road</u>. Franklin 도로에서요.

　　〔해설〕 'Can you ~?'를 사용하여 상자들을 트럭에 싣는 것을 도와줄 수 있는지 묻는 청유 의문문입니다.

　　　　(A) 상자들을 트럭에 싣는 것을 도와 달라는 요청에 Sure로 수락한 뒤, I will be there soon(곧 거기로 갈게요)이라고 적절히 부연 설명했으므로 정답입니다.

　　　　(B) 질문의 load(싣다)와 발음이 유사한 Road(도로)를 사용하여 혼동을 주는 오답입니다.

　　〔어휘〕 soon 곧

02. When do you want to <u>hold</u> the party? 언제 파티를 열고 싶으신가요?

　　(A) Please <u>fold</u> the paper in half. 종이를 반으로 접어 주세요.

　　(B) Next <u>month</u> at the latest. 늦어도 다음 달에는요.

　　〔해설〕 의문사 When을 사용하여 파티를 열고 싶은 시점을 묻는 의문사 의문문입니다.

　　　　(A) 질문의 hold(열다)와 발음이 유사한 fold(접다)를 사용하여 혼동을 주는 오답입니다.

　　　　(B) 언제 파티를 열고 싶은지 묻는 질문에 Next month(다음 달)라는 시점으로 적절히 응답했으므로 정답입니다.

　　〔어휘〕 in half 절반으로, 둘로　at the latest 늦어도

02 형태와 발음이 모두 유사한 단어 구별

본문 p. 75

연습 문제

[01-05] 01. ⓑ 02. ⓑ 03. ⓐ 04. ⓑ 05. ⓐ

[06-10] 06. ⓑ 07. ⓐ 08. ⓑ 09. ⓑ 10. ⓐ

[06-10]

06. Will you sign this <u>form</u>? 이 양식에 서명해 주시겠어요?

07. How do you like this book <u>cover</u>? 이 책 표지 어때요?

어휘 How do you like ~? ~은 어떤가요?

08. When is your job <u>interview</u>? 취업 면접은 언제인가요?

09. There is a vending machine <u>around</u> the corner. 모퉁이 근처에 자판기가 있어요.

어휘 vending machine 자판기

10. Does it have an <u>indoor</u> pool? 실내 수영장이 있나요?

어휘 pool 수영장

실전 문제

본문 p. 76

A 01. (B) 02. (B)

B 01. remodel / No / model / Construction **02.** perform / form / Friday / Saturday

01. Which company will <u>remodel</u> the branch office? 어떤 회사가 지점을 개조할 건가요?

(A) <u>No</u>, it's not a new <u>model</u>. 아니요, 그것은 새로운 모델이 아니에요.

(B) Maybe C&T Construction. 아마 C&T 건설이요.

해설 의문사 Which를 사용하여 지점을 개조할 회사를 묻는 의문사 의문문입니다.

(A) 질문의 remodel(개조하다)과 발음이 유사한 model(모델)을 사용하여 혼동을 주는 오답입니다.

(B) 어떤 회사가 지점을 개조할 것인지 묻는 질문에 해당 회사 이름을 밝힘으로써 적절히 응답했으므로 정답입니다.

어휘 branch office 지점

02. When will the band <u>perform</u> at the concert hall? 그 밴드는 언제 콘서트홀에서 공연할 건가요?

(A) Fill out the <u>form</u>. 양식을 작성해 주세요.

(B) On <u>Friday</u> afternoon and <u>Saturday</u> night. 금요일 오후와 토요일 밤에요.

해설 의문사 When을 사용하여 밴드가 공연할 시점을 묻는 의문사 의문문입니다.

(A) 질문의 perform(공연하다)과 발음이 유사한 form(양식)을 사용하여 혼동을 주는 오답입니다.

(B) 밴드가 언제 공연할 것인지 묻는 질문에 해당 요일을 언급함으로써 적절히 응답했으므로 정답입니다.

어휘 concert hall 콘서트홀, 연주회장 fill out ~을 작성하다, 기입하다

연습 문제

본문 p. 78

01. ⓑ　**02.** ⓐ　**03.** ⓑ　**04.** ⓐ　**05.** ⓐ　**06.** ⓐ　**07.** ⓑ　**08.** ⓑ　**09.** ⓐ　**10.** ⓐ

01. You can put that box <u>here</u>. 그 상자를 여기에 두시면 됩니다.

02. I ordered a 20-kilogram bag of <u>flour</u>. 저는 밀가루 20kg 한 자루를 주문했어요.

03. He will join a job <u>fair</u> at Hogan University. 그는 Hogan 대학교 취업 박람회에 참여할 거예요.

04. Sorry, this is not for <u>sale</u>. 죄송합니다, 이것은 판매용이 아닙니다.

05. Do you want to <u>meet</u> him tomorrow? 내일 그를 만나고 싶으세요?

06. Please <u>write</u> down your name. 당신의 이름을 적어 주세요.

07. Should we <u>hire</u> more truck drivers? 트럭 운전사를 더 고용하는 게 좋을까요?

08. I don't know <u>where</u> the form is. 그 양식이 어디 있는지 모르겠어요.

09. You should come one <u>hour</u> earlier. 한 시간 일찍 오셔야 해요.

10. I will <u>buy</u> the red one. 빨간색으로 구매할게요.

실전 문제

본문 p. 79

A **01.** (A)　**02.** (B)

B **01.** hire / Yes / liked / higher　**02.** sale / sail / No / workers

01. Are we going to <u>hire</u> Bahama's Grill? Bahama's Grill을 고용할 건가요?

　(A) Yes, everybody <u>liked</u> their food. 네, 모두가 그 음식을 좋아했어요.

　(B) It was <u>higher</u> than before. 예전보다 더 높았어요.

　[해설] be동사 Are를 사용하여 Bahama's Grill을 고용할 것인지 묻는 일반 의문문입니다.

　　(A) 고용할 것인지 묻는 질문에 Yes로 응답한 뒤, everybody liked their food(모두가 그 음식을 좋아했어요)라고 적절히 부연 설명했으므로 정답입니다.

　　(B) 질문의 hire(고용하다)와 발음이 똑같은 higher(더 높은)를 사용하여 혼동을 주는 오답입니다.

　[어휘] higher 더 높은(high의 비교급 형용사)

02. Do we need to work extra during the <u>sale</u> event? 세일 행사 동안 추가 근무를 해야 하나요?

　(A) I like to <u>sail</u>. 저는 항해하는 것을 좋아해요.

　(B) <u>No</u>, we will hire more temporary <u>workers</u>. 아니요, 임시 직원을 더 고용할 거예요.

　[해설] 조동사 Do를 사용하여 세일 행사 동안 추가 근무를 해야 하는지 묻는 일반 의문문입니다.

　　(A) 질문의 sale(세일, 할인 판매)과 발음이 똑같은 sail(항해하다)을 사용하여 혼동을 주는 오답입니다.

　　(B) 추가 근무를 해야 하는지 묻는 질문에 No로 응답한 뒤, we will hire more temporary workers(임시 직원을 더 고용할 거예요)라고 적절히 부연 설명했으므로 정답입니다.

　[어휘] extra 추가의　temporary 임시의, 일시적인

01 When/Where/Who 의문문

연습 문제   본문 p. 85

A **01.** Where   **02.** When   **03.** Who   **04.** Where   **05.** Who   **06.** When
B **01.** ◎   **02.** ⊗   **03.** ⊗   **04.** ◎   **05.** ◎   **06.** ⊗

A **01.** <u>Where</u> did you buy this new notebook computer? 이 새 노트북 컴퓨터를 어디서 구매하셨나요?

02. <u>When</u> will you leave the office? 언제 퇴근하실 건가요?
[어휘] leave the office 퇴근하다

03. <u>Who</u> is the new department manager? 새로운 부서장이 누구인가요?
[어휘] department manager 부서장

04. <u>Where</u> can I get one of those maps? 이 지도들 중 하나를 어디서 얻을 수 있나요?

05. <u>Who</u> was working at the company booth yesterday? 어제 회사 부스에서 누가 일하고 있었나요?

06. <u>When</u> does the flower shop open on Saturdays? 토요일에 꽃가게는 언제 여나요?

B **01.** Where did you buy this new notebook computer? 이 새 노트북 컴퓨터를 어디서 구매하셨나요?
→ **At Hightech electronic store.** Hightech 전자 매장에서요.
[해설] 의문사 Where를 사용하여 어디서 새 노트북 컴퓨터를 구매했는지 묻는 의문사 의문문에 At Hightech electronic store(Hightech 전자 매장에서요)라고 적절한 구매 장소로 응답했으므로 정답입니다.

02. When will you leave the office? 언제 퇴근하실 건가요?
→ **I live in the downtown area.** 저는 시내에 살아요.
[해설] 의문사 When을 사용하여 언제 퇴근할 건지 묻는 의문사 의문문에 the downtown area(시내)라는 장소 표현으로 응답했으므로 오답입니다. 질문의 leave(떠나다)와 발음이 유사한 live(살다)를 사용하여 혼동을 주는 오답입니다.
[어휘] downtown area 시내

03. Who is the new department manager? 새로운 부서장이 누구인가요?
→ **A two-bedroom apartment.** 침실 두 개짜리 아파트요.
[해설] 의문사 Who를 사용하여 새로운 부서장이 누구인지 묻는 의문사 의문문에 A two-bedroom apartment(침실 두 개짜리 아파트요)라는 관련 없는 내용으로 응답했으므로 오답입니다. 질문의 department(부서)와 발음이 유사한 apartment(아파트)를 사용하여 혼동을 주는 오답입니다.

04. Where can I get one of those maps? 이 지도들 중 하나를 어디서 얻을 수 있나요?
→ **At the visitor's center.** 방문객 안내소에서요.
[해설] 의문사 Where를 사용하여 어디서 지도를 얻을 수 있는지 묻는 의문사 의문문에 At the visitor's center(방문객 안내소에서요)라고 적절한 장소로 응답했으므로 정답입니다.
[어휘] visitor 방문객

05. Who was working at the company booth yesterday? 어제 회사 부스에서 누가 일하고 있었나요?

→ David and Susan. David와 Susan이요.

[해설] 의문사 Who를 사용하여 회사 부스에서 누가 일하고 있었는지 묻는 의문사 의문문에 David와 Susan이라는 사람 이름으로 응답했으므로 정답입니다.

06. When does the flower shop open on Saturdays? 토요일에 꽃가게는 언제 여나요?

→ Two spoons of flour. 밀가루 두 스푼이요.

[해설] 의문사 When을 사용하여 언제 꽃가게가 여는지 묻는 의문사 의문문에 Two spoons of flour(밀가루 두 스푼이요)라는 관련 없는 내용으로 응답했으므로 오답입니다. 질문의 flower(꽃)와 발음이 똑같은 flour(밀가루)를 사용하여 혼동을 주는 오답입니다.

실전 문제

A **01.** (B) **02.** (A)
B **01.** Where / Yes / fine / cabinet **02.** Who / manager / present

---

01. <u>Where</u> can I find disposable plates? 일회용 접시를 어디서 찾을 수 있나요?

(A) <u>Yes</u>, I'm <u>fine</u>. 네, 저는 괜찮아요.

(B) In the supply cabinet. 보급품 캐비닛에서요.

[해설] 의문사 Where를 사용하여 일회용 접시를 찾을 수 있는 장소를 묻는 의문사 의문문입니다.

(A) 의문사 의문문에 Yes로 응답했으므로 오답입니다.

(B) 어디서 일회용 접시를 찾을 수 있는지 묻는 질문에 In the supply cabinet(보급품 캐비닛에서요)이라며 보관 장소를 알려주었으므로 정답입니다.

[어휘] disposable 일회용의   fine 괜찮은, 좋은   supply 보급품, 사무용품

---

02. <u>Who</u> is presenting our proposal to the board members? 누가 이사진에게 우리의 제안을 발표하나요?

(A) The team <u>manager</u>, I think. 팀장인 것 같아요.

(B) Actually, it's a birthday <u>present</u>. 사실, 생일 선물이에요.

[해설] 의문사 Who를 사용하여 이사진에게 제안을 발표할 사람이 누구인지 묻는 의문사 의문문입니다.

(A) 누가 제안을 발표할 건지 묻는 질문에 team manager(팀장)라는 직책명으로 적절히 응답했으므로 정답입니다.

(B) 누가 제안을 발표할 건지 묻는 질문에 it's a birthday present(생일 선물이에요)라는 관련 없는 내용으로 응답했으므로 오답입니다. 질문의 동사 present(발표하다)를 '선물'을 뜻하는 명사 present와 혼동하도록 유도하는 오답입니다.

[어휘] proposal 제안   board members 이사진

---

02 Why/What/How 의문문

연습 문제

A **01.** How **02.** Why **03.** How **04.** What **05.** Why **06.** What
B **01.** ⓧ **02.** ◎ **03.** ◎ **04.** ◎ **05.** ◎ **06.** ⓧ

A **01.** <u>How</u> much is this computer? 이 컴퓨터는 얼마인가요?

02. <u>Why</u> was Ben late this morning? Ben은 오늘 아침에 왜 늦었나요?

03. <u>How</u> long will it take to upload the file? 이 파일을 올리는 데 얼마나 오래 걸릴까요?

04. <u>What</u> time is your workshop tomorrow? 내일 당신의 워크숍은 몇 시인가요?

05. <u>Why</u> can't I access my online banking account? 왜 제 온라인 은행 계좌에 접속할 수 없나요?

[어휘] access 접속[접근]하다   banking account 은행 계좌

06. <u>What</u> color do you want for this shirt? 이 셔츠는 무슨 색으로 원하세요?

B **01.** How much is this computer? 이 컴퓨터는 얼마인가요?

→ A new model. 새로운 모델이요.

[해설] 의문사 How를 사용하여 컴퓨터의 가격을 묻는 의문사 의문문에 A new model(새로운 모델이요)이라는 관련 없는 내용으로 응답했으므로 오답입니다.

02. Why was Ben late this morning? Ben은 오늘 아침에 왜 늦었나요?

→ Because he missed the bus. 버스를 놓쳤기 때문이에요.

[해설] 의문사 Why를 사용하여 Ben이 오늘 아침에 늦은 이유를 묻는 의문사 의문문에 Because he missed the bus(버스를 놓쳤기 때문이에요)라는 이유로 적절히 응답했으므로 정답입니다.

[어휘] miss 놓치다

03. How long will it take to upload the file? 이 파일을 올리는 데 얼마나 오래 걸릴까요?

→ Just a couple of minutes. 몇 분이요.

[해설] 의문사 How를 사용하여 파일을 올리는 데 걸리는 시간을 묻는 의문사 의문문에 Just a couple of minutes(몇 분이요)라는 소요 시간으로 적절히 응답했으므로 정답입니다.

[어휘] a couple of 두서너 개의, 몇 개의

04. What time is your workshop tomorrow? 내일 당신의 워크숍은 몇 시인가요?

→ It starts at 2 P.M. 오후 2시에 시작해요.

[해설] 의문사 What을 사용하여 워크숍이 열리는 시간을 묻는 의문사 의문문에 It starts at 2 P.M.(오후 2시에 시작해요)이라며 시작 시각을 알려 주었으므로 정답입니다.

05. Why can't I access my online banking account? 왜 제 온라인 은행 계좌에 접속할 수 없나요?

→ Because the network is down. 네트워크가 다운되었기 때문이에요.

[해설] 의문사 Why를 사용하여 온라인 은행 계좌에 접속할 수 없는 이유를 묻는 의문사 의문문에 Because the network is down(네트워크가 다운되었기 때문이에요)이라는 이유로 적절히 응답했으므로 정답입니다.

06. What color do you want for this shirt? 이 셔츠는 무슨 색으로 원하세요?

→ Sorry, it's out of stock. 죄송해요, 품절이에요.

[해설] 의문사 What을 사용하여 원하는 셔츠의 색상을 묻는 의문사 의문문에 it's out of stock(품절이에요)이라는 관련 없는 내용으로 응답했으므로 오답입니다.

[어휘] out of stock 품절인

01. <u>How</u> can I submit these travel expense receipts? 이 출장 경비 영수증을 어떻게 제출하면 되나요?

     (A) You can send them by fax. 그것들을 팩스로 보내시면 됩니다.

     (B) Here is your parking <u>permit</u>. 여기 주차증입니다.

     [해설] 의문사 How를 사용하여 출장 경비 영수증을 제출하는 방법을 묻는 의문사 의문문입니다.

         (A) 제출 방법을 묻는 질문에 by fax(팩스로)라는 적절한 방법을 알려 주었으므로 정답입니다.

         (B) 제출 방법을 묻는 질문에 Here is your parking permit(여기 주차증입니다)라는 관련 없는 내용으로 응답했으므로 오답
            입니다. 질문의 submit(제출하다)와 발음이 유사한 permit(허가증)를 사용하여 혼동을 주는 오답입니다.

     [어휘] travel expense 출장[여행] 경비   receipt 영수증   parking permit 주차증

02. <u>Why</u> was your train delayed? 왜 기차가 지연되었나요?

     (A) Because of the engine problem. 엔진 문제 때문에요.

     (B) A two-week <u>training</u> session. 2주간의 교육이요.

     [해설] 의문사 Why를 사용하여 기차가 지연된 이유를 묻는 의문사 의문문입니다.

         (A) 지연 이유를 묻는 질문에 Because of the engine problem(엔진 문제 때문에요)이라는 이유로 적절히 응답했으므로 정
            답입니다.

         (B) 지연 이유를 묻는 질문에 A two-week training session(2주간의 교육이요)이라는 관련 없는 내용으로 응답했으므로 오
            답입니다. 질문의 train(기차)과 발음이 유사한 training(교육)을 사용하여 혼동을 주는 오답입니다.

     [어휘] delay 지연하다   training session 교육 (과정)

유형 익히기 (2) – 비의문사 의문문 ①

01 일반 의문문

연습 문제

본문 p. 96

A **01.** Did   **02.** Is   **03.** Have   **04.** Do   **05.** Are   **06.** Have

B **01.** ◎   **02.** ⓧ   **03.** ⓧ   **04.** ◎   **05.** ◎   **06.** ◎

A **01.** <u>Did</u> you check the e-mail from the HR Department? 인사부에서 온 이메일 확인하셨나요?

[어휘] HR(human resources) Department 인사부

02. <u>Is</u> Mr. Johnson arriving on time at the airport? Johnson 씨는 공항에 제때 도착하나요?

[어휘] arrive 도착하다   on time 제때, 제시간에

03. <u>Have</u> you purchased a ticket for the game? 경기 티켓을 구매하셨나요?

04. <u>Do</u> you work the morning shift? 오전 근무조로 일하시나요?

[어휘] shift 교대조

05. <u>Are</u> you free to restock the shelves? 선반을 다시 채워 주실 수 있나요?

[어휘] be free to ~할 여유가[시간이] 있다   restock 다시 채우다   shelf 선반

06. <u>Have</u> you tried the new special at Harman's Sandwiches?

Harman's Sandwiches에서 새로 나온 특별 메뉴를 드셔 보셨나요?

[어휘] try 먹어 보다, 해 보다

B **01.** Did you check the e-mail from the HR Department? 인사부에서 온 이메일 확인하셨나요?

→ No, what is it about? 아니요, 무엇에 관한 것인가요?

[해설] 조동사 Did를 사용하여 인사부에서 온 이메일을 확인했는지 묻는 일반 의문문에 No로 응답한 뒤, what is it about(무엇에 관한 것인가요)이라고 이메일 내용을 질문했으므로 정답입니다.

02. Is Mr. Johnson arriving on time at the airport? Johnson 씨는 공항에 제때 도착하나요?

→ We need more time. 시간이 더 필요해요.

[해설] be동사 Is를 사용하여 Johnson 씨가 공항에 제때 도착할지 묻는 일반 의문문에 We need more time(시간이 더 필요해요)이라고 질문과 상관없는 대명사(We)로 응답했으므로 오답입니다. 질문의 time(시간)을 중복 사용하여 혼동을 주는 오답입니다.

03. Have you purchased a ticket for the game? 경기 티켓을 구매하셨나요?

→ It was very exciting. 매우 흥미로웠어요.

[해설] 조동사 Have를 사용하여 경기 티켓을 구매했는지 묻는 일반 의문문에 It was very exciting(매우 흥미로웠어요)이라는 관련 없는 내용으로 응답했으므로 오답입니다.

04. Do you work the morning shift? 오전 근무조로 일하시나요?

→ Yes, I have afternoon classes this semester. 네, 저는 이번 학기에 오후 수업이 있어요.

[해설] 조동사 Do를 사용하여 오전 근무조로 일하는지 묻는 일반 의문문에 Yes로 응답한 뒤, I have afternoon classes this semester(저는 이번 학기에 오후 수업이 있어요)라고 오전에 근무하는 이유를 적절히 언급했으므로 정답입니다.

[어휘] semester 학기

05. Are you free to restock the shelves? 선반을 다시 채워 주실 수 있나요?

→ No, I'm leaving now. 아니요, 저는 지금 나가요.

[해설] be동사 Are를 사용하여 선반을 다시 채울 시간이 있는지 묻는 일반 의문문에 No로 응답한 뒤, I'm leaving now(저는 지금 나가요)라고 거절의 이유를 적절히 언급했으므로 정답입니다.

06. Have you tried the new special at Harman's Sandwiches?

Harman's Sandwiches에서 새로 나온 특별 메뉴를 드셔 보셨나요?

→ Yes, it tastes great. 네, 정말 맛있어요.

[해설] 조동사 Have를 사용하여 새로 나온 특별 메뉴를 먹어 보았는지 묻는 일반 의문문에 Yes로 응답한 뒤, it tastes great(정말 맛있어요)라고 음식에 대한 평가를 덧붙였으므로 정답입니다.

[어휘] taste 맛이 ~하다, ~ 맛이 나다

실전 문제 실전 문제   본문 p. 97

A **01.** (A) **02.** (A)

B **01.** reviewed / No / busy / view **02.** order / Yes / delivered / years

01. Have you reviewed my proposal? 제 제안서 검토해 보셨나요?

(A) No, I was too busy. 아니요, 저는 너무 바빴어요.

(B) The room has a nice view. 그 방은 전망이 좋아요.

[해설] 조동사 Have를 사용하여 제안서를 검토했는지 묻는 일반 의문문입니다.

(A) 제안서를 검토했는지 묻는 질문에 No로 응답한 뒤, I was too busy(저는 너무 바빴어요)라고 그 이유를 부연 설명했으므로 정답입니다.

(B) 제안서를 검토했는지 묻는 질문에 The room has a nice view(그 방은 전망이 좋아요)라는 관련 없는 내용으로 응답했으므로 오답입니다. 질문의 review(검토하다)와 발음이 유사한 view(전망)를 사용하여 혼동을 주는 오답입니다.

[어휘] proposal 제안(서)

02. Did you order the additional file folders last week? 지난주에 추가로 파일 폴더를 주문하셨나요?

(A) Yes, they will be delivered tomorrow. 네, 그것들은 내일 배송될 거예요.

(B) For the past five years. 지난 5년 동안이요.

[해설] 조동사 Did를 사용하여 지난주에 추가로 파일 폴더를 주문했는지 묻는 일반 의문문입니다.

(A) 추가로 주문했는지 묻는 질문에 Yes로 응답한 뒤, they will be delivered tomorrow(그것들은 내일 배송될 거예요)라고 적절히 부연 설명했으므로 정답입니다.

(B) 추가로 주문했는지 묻는 질문에 For the past five years(지난 5년 동안이요)라는 기간 표현으로 응답했으므로 오답입니다.

[어휘] order 주문하다 additional 추가의 deliver 배송하다 past 지난

02 부정/부가 의문문

연습 문제 본문 p. 100

A 01. won't **02.** Didn't **03.** isn't **04.** Aren't

B 01. ◎ **02.** ◎ **03.** ✗ **04.** ◎

A 01. You will leave for the Chicago Trade Fair tomorrow, <u>won't</u> you?
내일 시카고 무역 박람회로 떠나실 거죠, 그렇지 않나요?
어휘 trade fair 무역 박람회

02. <u>Didn't</u> you buy tickets for the annual fundraising banquet? 연례 기금 모금 연회 입장권을 구매하지 않으셨나요?
어휘 annual 연례의, 연간 fundraising 기금 모금 banquet 연회

03. The printer is out of order, <u>isn't</u> it? 프린터가 고장 났죠, 그렇지 않나요?
어휘 out of order 고장 난

04. <u>Aren't</u> you coming to the lunch with us? 저희와 점심 먹으러 가지 않으실 건가요?

B 01. You will leave for the Chicago Trade Fair tomorrow, won't you?
내일 시카고 무역 박람회로 떠나실 거죠, 그렇지 않나요?
→ **No, it's next week.** 아니요, 그건 다음 주예요.
해설 내일 무역 박람회로 떠날 것인지 확인하는 부가 의문문에 No(떠나지 않을 것이다)로 응답한 뒤, it's next week(그건 다음 주예요)이라고 적절히 부연 설명했으므로 정답입니다.

02. Didn't you buy tickets for the annual fundraising banquet? 연례 기금 모금 연회 입장권을 구매하지 않으셨나요?
→ **Yes, I have two.** 네, 저는 두 장을 갖고 있어요.
해설 조동사 Did를 사용하여 연례 기금 모금 연회 입장권을 구매하지 않았는지 묻는 부정 의문문에 Yes(구매했다)로 응답한 뒤, I have two(저는 두 장을 갖고 있어요)라고 적절히 부연 설명했으므로 정답입니다.

03. The printer is out of order, isn't it? 프린터가 고장 났죠, 그렇지 않나요?
→ **The fare was not that cheap.** 요금이 그다지 저렴하지 않았어요.
해설 프린터가 고장 난 것이 맞는지 확인하는 부가 의문문에 The fare was not that cheap(요금이 그다지 저렴하지 않았어요)이라는 관련 없는 내용으로 응답했으므로 오답입니다.
어휘 fare 요금 that 그다지, 그렇게 cheap 저렴한

04. Aren't you coming to the lunch with us? 저희와 점심 먹으러 가지 않으실 건가요?
→ **No, I have to complete a report.** 아니요, 저는 보고서를 마쳐야 해요.
해설 be동사 Are를 사용하여 점심을 먹으러 가지 않을 것인지 묻는 부정 의문문에 No(가지 않을 것이다)로 응답한 뒤, I have to complete a report(저는 보고서를 마쳐야 해요)라고 거절의 이유를 덧붙였으므로 정답입니다.
어휘 complete 마치다, 완성하다 report 보고서

실전 문제

A **01.** (A)　　**02.** (B)

B **01.** inspecting / Yes / finished / expecting　　**02.** contacted / contract / Yes / did

---

01. Weren't you <u>inspecting</u> this computer? 이 컴퓨터를 검사하고 있지 않으셨나요?

(A) **Yes, I've just <u>finished</u> with that.** 네, 방금 마쳤어요.

(B) She is <u>expecting</u> a large one. 그녀는 큰 것을 기대하고 있어요.

[해설] be동사 Were를 사용하여 컴퓨터를 검사하고 있지 않았는지 묻는 부정 의문문입니다.

(A) 컴퓨터를 검사하고 있지 않았느냐고 묻는 질문에 Yes(검사했다)로 응답한 뒤, I've just finished with that(방금 마쳤어요)이라고 적절히 부연 설명했으므로 정답입니다.

(B) 컴퓨터를 검사하고 있지 않았느냐고 묻는 질문에 She is expecting a large one(그녀는 큰 것을 기대하고 있어요)이라는 관련 없는 내용으로 응답했으므로 오답입니다. 질문의 inspect(검사하다)와 발음이 유사한 expect(기대하다)를 사용하여 혼동을 주는 오답입니다.

[어휘] just 방금, 막　　finish 마치다

---

02. You <u>contacted</u> the printing shop, didn't you? 인쇄소에 연락하셨죠, 그렇지 않나요?

(A) A copy of the signed <u>contract</u>. 서명된 계약서의 사본이요.

(B) **Yes, I <u>did</u> yesterday.** 네, 어제 했어요.

[해설] 인쇄소에 연락했는지 확인하는 부가 의문문입니다.

(A) 인쇄소에 연락했는지 묻는 질문에 A copy of the signed contract(서명된 계약서의 사본이요)라는 관련 없는 내용으로 응답했으므로 오답입니다. 질문의 contact(연락하다)와 발음이 유사한 contract(계약서)를 사용하여 혼동을 주는 오답입니다.

(B) 인쇄소에 연락했는지 묻는 질문에 Yes(연락했다)로 응답한 뒤, I did yesterday(어제 했어요)라고 적절히 부연 설명했으므로 정답입니다.

[어휘] printing shop 인쇄소　　copy 사본

01 선택/청유/권유 의문문

연습 문제
본문 p. 106

[01-05] **01.** ⓒ **02.** ⓑ **03.** ⓒ **04.** ⓐ **05.** ⓐ

[06-10] **06.** ⓑ **07.** ⓐ **08.** ⓑ **09.** ⓐ **10.** ⓐ

[01-05]

01. Would you like to wait in line to be seated? 자리에 앉기 위해 줄을 서서 기다리시겠어요?

02. Could you order some food for the afternoon meeting? 오후 회의 때 먹을 음식을 좀 주문해 주시겠어요?

03. Why don't you call the HR department? 인사부에 전화하시는 게 어때요?

04. Do you want to conduct the job interviews in the meeting room or in your office?

채용 면접을 회의실에서 진행하고 싶으신가요, 아니면 사무실에서 진행하고 싶으신가요?

어휘 conduct (특정 활동을) 진행하다   job interview 채용 면접

05. Will you pick up your order or should we deliver it to your office?

주문하신 물건을 가지러 오시겠어요, 아니면 사무실로 배달해 드릴까요?

어휘 pick up ~을 찾아오다   deliver 배달하다

[06-10]

06. Sorry. 죄송해요.

07. I would love to. 그러고 싶어요.

08. No, thank you. 아니요, 괜찮습니다.

09. That's a good idea. 좋은 생각이네요.

10. Sure. 물론이죠.

실전 문제
본문 p. 107

A **01.** (A)   **02.** (B)

B **01.** morning / or / night / right   **02.** Would you / join / lunch / No / appointment

01. Should we take a <u>morning</u> flight <u>or</u> a <u>night</u> one? 우리 아침 비행기를 탈까요, 아니면 밤 비행기를 탈까요?

(A) I prefer a <u>night</u> one. 저는 밤 비행을 선호해요.

(B) It's <u>right</u> beside Hudson River. Hudson 강 바로 옆에 있어요.

해설 아침 비행기를 탈지 밤 비행기를 탈지 묻는 선택 의문문입니다.

(A) 아침과 밤 비행기 중 night one(밤 비행)을 선택하여 응답했으므로 정답입니다.

(B) 선택 의문문에 It's right beside Hudson River(Hudson 강 바로 옆에 있어요)라는 위치 표현으로 응답했으므로 오답입니다. 질문의 night(밤)와 발음이 유사한 right(바로)를 사용하여 혼동을 주는 오답입니다.

어휘 **take a flight** 비행기를 타다   **prefer** 선호하다   **beside** ~ 옆에

02. Would you like to join lunch with us? 저희와 점심 같이 드시겠어요?

(A) A lunch meeting with clients. 고객들과의 점심 회의요.

(B) No, thanks. I have another appointment. 아니요, 괜찮아요. 다른 약속이 있어요.

해설 'Would you like ~?'를 사용하여 점심을 같이 먹을지 묻는 권유 의문문입니다.

(A) 점심을 같이 먹을지 묻는 질문에 A lunch meeting with clients(고객들과의 점심 회의요)라는 관련 없는 내용으로 응답했으므로 오답입니다. 질문의 lunch(점심)를 중복 사용하여 혼동을 주는 오답입니다.

(B) 점심을 같이 먹을지 묻는 질문에 거절의 표현인 No, thanks로 응답한 뒤, I have another appointment(다른 약속이 있어요)라고 거절의 이유를 밝혔으므로 정답입니다.

어휘 **join** 합류하다, 같이하다   **client** 고객   **appointment** 약속

02 평서문

연습 문제
본문 p. 109

A 01. ⓐ   02. ⓑ   03. ⓑ   04. ⓐ   05. ⓑ

B 01. ◎   02. ◎   03. ◎   04. ⓧ   05. ⓧ

A **01.** We ran out of some office supplies. 사무용품이 다 떨어졌어요.

어휘 **run out of** ~이 다 떨어지다   **office supplies** 사무용품

02. Let me help you with it. 제가 그것을 도와 드릴게요.

03. Please lock the door when you leave tonight. 오늘 밤 나가실 때 문을 잠가 주세요.

어휘 **lock** 잠그다

04. I can't open this bottle. 이 병을 열 수가 없어요.

어휘 **bottle** 병

05. Let's move to a larger meeting room with a beam projector. 빔 프로젝터가 있는 더 큰 회의실로 이동해요.

B **01.** We ran out of some office supplies. 사무용품이 다 떨어졌어요.

→ I will order some this afternoon. 제가 오늘 오후에 좀 주문할게요.

해설 사무용품이 다 떨어졌다는 문제점을 언급하는 평서문에 I will order some this afternoon(제가 오늘 오후에 좀 주문할게요)이라며 해결책을 제시하는 내용으로 적절히 응답했으므로 정답입니다.

02. Let me help you with it. 제가 그것을 도와 드릴게요.

→ Great. That'll be helpful. 훌륭해요. 도움이 되겠네요.

해설 도와주겠다고 제안하는 평서문에 Great. That'll be helpful(훌륭해요. 도움이 되겠네요)이라는 승낙 표현으로 적절히 응답했으므로 정답입니다.

어휘 **helpful** 도움이 되는

03. Please lock the door when you leave tonight. 오늘 밤 나가실 때 문을 잠가 주세요.

→ Sure, I will. 물론이죠, 그럴게요.

해설 문을 잠가 달라고 요청하는 평서문에 Sure, I will(물론이죠, 그럴게요)이라는 승낙 표현으로 적절히 응답했으므로 정답입니다.

04. I can't open this bottle. 이 병을 열 수가 없어요.

→ At the bottom of a list. 목록 맨 아래에요.

해설 병이 열리지 않는다는 문제점을 언급하는 평서문에 At the bottom of a list(목록 맨 아래에요)라는 위치 표현으로 응답했으므로 오답입니다. 질문의 bottle(병)과 발음이 유사한 bottom(아래)을 사용하여 혼동을 주는 오답입니다.

어휘 list 목록

05. Let's move to a larger meeting room with a beam projector. 빔 프로젝터가 있는 더 큰 회의실로 이동해요.

→ It's a new project. 그것은 새로운 프로젝트예요.

해설 빔 프로젝터가 있는 더 큰 회의실로 이동하자고 제안하는 평서문에 It's a new project(그것은 새로운 프로젝트예요)라는 관련 없는 내용으로 응답했으므로 오답입니다. 질문의 projector(프로젝터)와 발음이 유사한 project(프로젝트)를 사용하여 혼동을 주는 오답입니다.

실전 문제

본문 p. 110

A 01. (B) **02.** (B)

B 01. submit / help / emailed **02.** mistake / order / sorry / look

---

01. Please submit the quarterly report today. 오늘 분기 보고서를 제출해 주세요.

(A) I can help you. 제가 도와 드릴게요.

(B) I already emailed you. 이미 이메일 보냈어요.

해설 오늘 분기 보고서를 제출해 달라고 요청하는 평서문입니다.

(A) 보고서를 제출해 달라는 요청에 I can help you(제가 도와 드릴게요)라는 관련 없는 내용으로 응답했으므로 오답입니다.

(B) 보고서를 제출해 달라는 요청에 I already emailed you(이미 이메일 보냈어요)라며, 이미 요청을 처리한 상황임을 알리는 내용으로 응답했으므로 정답입니다.

어휘 submit 제출하다   quarterly 분기의   report 보고서

---

02. There's a mistake on my receipt. 제 영수증에 착오가 있어요.

(A) It's for an online order. 온라인 주문에 대한 것이에요.

(B) I'm sorry. Let me have a look at it. 죄송합니다. 제가 한번 살펴볼게요.

해설 영수증에 착오가 있다는 문제점을 언급하는 평서문입니다.

(A) 영수증에 착오가 있다는 말에 It's for an online order(온라인 주문에 대한 것이에요)라는 관련 없는 내용으로 응답했으므로 오답입니다.

(B) 영수증에 착오가 있다는 말에 I'm sorry로 응답한 뒤, Let me have a look at it(제가 한번 살펴볼게요)이라며 해결책을 제시하는 내용으로 적절히 응답했으므로 정답입니다.

어휘 mistake 착오, 오류   receipt 영수증   have a look at ~을 (한번) 보다

연습 문제

본문 p. 112

A **01.** Where / put **02.** Why / low **03.** How long / rent **04.** shuttle / takes **05.** cancel / dinner

B **01.** ◎ **02.** ◎ **03.** ⊗ **04.** ◎ **05.** ⊗

A **01.** <u>Where</u> should I <u>put</u> these plastic chairs? 이 플라스틱 의자들을 어디에 두어야 하나요?

02. <u>Why</u> are the sales so <u>low</u> this month? 왜 이번 달에 판매량이 매우 낮을까요?

　　　어휘 sales 판매량　low 낮은

03. <u>How long</u> did you <u>rent</u> your apartment? 아파트를 얼마나 오래 임대하셨나요?

　　　어휘 rent 임대하다

04. The <u>shuttle</u> ride from the airport <u>takes</u> about thirty minutes, doesn't it?
공항에서부터 셔틀을 타면 30분 정도 걸리죠, 그렇지 않나요?

05. I'd like to <u>cancel</u> a reservation for <u>dinner</u>. 저는 저녁 식사 예약을 취소하고 싶어요.

　　　어휘 cancel 취소하다　reservation 예약

B **01.** Where should I put these plastic chairs? 이 플라스틱 의자들을 어디에 두어야 하나요?

→ **Ask the manager.** 관리자에게 물어보세요.

해설 의문사 Where을 사용하여 플라스틱 의자를 어디에 두어야 하는지 묻는 의문사 의문문에 구체적인 장소를 제시하는 대신 Ask the manager(관리자에게 물어보세요)라는 간접 표현으로 응답한 정답입니다.

02. Why are the sales so low this month? 왜 이번 달에 판매량이 매우 낮을까요?

→ **I don't know.** 모르겠어요.

해설 의문사 Why를 사용하여 이번 달에 판매량이 매우 낮은 이유를 묻는 의문사 의문문에 구체적인 이유를 제시하는 대신 I don't know(모르겠어요)라는 간접 표현으로 응답한 정답입니다.

03. How long did you rent your apartment? 아파트를 얼마나 오래 임대하셨나요?

→ **From the accounting department.** 회계 부서로부터요.

해설 의문사 How를 사용하여 아파트를 임대한 기간을 묻는 의문사 의문문에 From the accounting department(회계 부서로부터요)라는 출처 표현으로 응답했으므로 오답입니다. 질문의 apartment(아파트)와 발음이 유사한 department (부서)를 사용하여 혼동을 주는 오답입니다.

　　　어휘 accounting 회계

04. The shuttle ride from the airport takes about thirty minutes, doesn't it?
공항에서부터 셔틀을 타면 30분 정도 걸리죠, 그렇지 않나요?

→ **It depends on the road conditions.** 그것은 도로 상황에 따라 달라요.

해설 공항에서부터 셔틀을 타면 30분 정도 걸리는지 확인하는 부가 의문문에 긍정/부정의 답변 대신 It depends on the road conditions(그것은 도로 상황에 따라 달라요)라는 간접 표현으로 응답한 정답입니다.

　　　어휘 depend on ~에 따라 다르다, ~에 달려 있다　condition 상황

05. I'd like to cancel a reservation for dinner. 저는 저녁 식사 예약을 취소하고 싶어요.

→ **Please send invitations.** 초대장을 보내 주세요.

해설 저녁 식사 예약을 취소하고 싶다고 요청하는 평서문에 Please send invitations(초대장을 보내 주세요)라는 관련 없는

내용으로 응답했으므로 오답입니다.

어휘 invitation 초대(장)

실전 문제

본문 p. 113

A 01. (A)　**02.** (B)

B 01. What time / decided / meat　**02.** intern / Internet / sure

---

01. What time are you going to meet the client? 몇 시에 고객을 만나실 건가요?

(A) I haven't decided yet. 아직 결정하지 못했어요.

(B) I don't eat any meat. 저는 고기를 전혀 먹지 않아요.

해설 의문사 What을 사용하여 고객을 만나는 시간을 묻는 의문사 의문문입니다.

(A) 몇 시에 만날 것인지 묻는 질문에 구체적인 시간을 제시하는 대신 I haven't decided yet(아직 결정하지 못했어요)이라는 간접 표현으로 응답한 정답입니다.

(B) 몇 시에 만날 것인지 묻는 질문에 I don't eat any meat(저는 고기를 전혀 먹지 않아요)이라는 관련 없는 내용으로 응답했으므로 오답입니다. 질문의 meet(만나다)과 발음이 똑같은 meat(고기)을 사용하여 혼동을 주는 오답입니다.

어휘 client 고객

---

02. Is he a new intern? 그가 새로운 인턴인가요?

(A) A new Internet provider. 새로운 인터넷 공급사요.

(B) I'm not sure. 잘 모르겠어요.

해설 be동사 Is를 사용하여 그가 새로운 인턴인지 묻는 일반 의문문입니다.

(A) 새로운 인턴인지 묻는 질문에 A new Internet provider(새로운 인터넷 공급사요)라는 관련 없는 내용으로 응답했으므로 오답입니다. 질문의 intern(인턴)과 발음이 유사한 Internet(인터넷)을 사용하여 혼동을 주는 오답입니다.

(B) 새로운 인턴인지 묻는 질문에 Yes/No 답변 대신 I'm not sure(잘 모르겠어요)라는 간접 표현으로 응답한 정답입니다.

어휘 provider 공급사, 제공사

01 문제 풀이법

연습 문제
본문 p. 118

A Step 1 [유형] 일반 의문문 [핵심어] bring, receipt   Step 2 (A) Ⓧ (B) Ⓧ (C) Ⓞ

B Did / bring / receipt / emailed / recipe / cash / Yes / here

Did you bring the original receipt? 영수증 원본을 가져오셨나요?

(A) I emailed you the recipe. 제가 조리법을 이메일로 보내 드렸어요.

(B) In cash. 현금으로요.

(C) Yes, here it is. 네, 여기 있어요.

[해설] 조동사 Did를 사용하여 영수증 원본을 가져왔는지 묻는 일반 의문문입니다.

    (A) 영수증 원본을 가져왔는지 묻는 질문에 I emailed you the recipe(제가 조리법을 이메일로 보내 드렸어요)라는 관련 없는 내용
    으로 응답했으므로 오답입니다. 질문의 receipt(영수증)와 발음이 유사한 recipe(조리법)를 사용하여 혼동을 주는 오답입니다.

    (B) 영수증 원본을 가져왔는지 묻는 질문에 In cash(현금으로요)라는 결제 수단으로 응답했으므로 오답입니다.

    (C) 영수증 원본을 가져왔는지 묻는 질문에 Yes로 응답한 뒤, here it is(여기 있어요)라고 영수증을 건네는 표현을 덧붙였으므로
    정답입니다.

[어휘] bring 가져오다   original 원본의   cash 현금

실전 문제
본문 p. 119

A 01. (A)   **02.** (C)   **03.** (C)   **04.** (B)

B 01. called / office / No / yet / main / officer   **02.** Are / free / After / sugar-free / No / meeting

　　03. Where / find / No / stock / charged / check   **04.** Why don't you bring / top / sounds good / prices

01. You called the maintenance office, didn't you? 관리실에 전화하셨죠, 그렇죠?

    (A) No, not yet. 아니요, 아직 안 했어요.

    (B) The main conference room. 주 회의실이요.

    (C) A new chief financial officer. 새로운 재무 담당 최고 책임자요.

    [해설] 관리실에 전화했는지 확인하는 부가 의문문입니다.

        (A) 관리실에 전화했는지 묻는 질문에 No로 응답한 뒤, not yet(아직 안 했어요)이라며 아직 안 한 상황임을 덧붙였으므로 정
        답입니다.

        (B) 관리실에 전화했는지 묻는 질문에 The main conference room(주 회의실이요)이라는 장소 표현으로 응답했으므로 오
        답입니다. 질문의 maintenance(유지보수)와 발음이 유사한 main(주, 주된)을 사용하여 혼동을 주는 오답입니다.

        (C) 관리실에 전화했는지 묻는 질문에 new chief financial officer(새로운 재무 담당 최고 책임자)라는 직책명으로 응답했으
        므로 오답입니다. 질문의 office(사무실)와 발음이 유사한 officer(임원, 간부)를 사용하여 혼동을 주는 오답입니다.

    [어휘] conference room 회의실   chief financial officer 재무 담당 최고 책임자

02. Are you free tomorrow afternoon? 내일 오후에 시간 되세요?

(A) After March. 3월 이후요.

(B) It's sugar-free. 이것은 무설탕이에요.

(C) No, I have a client meeting at 3 P.M. 아니요, 오후 3시에 고객과 회의가 있어요.

[해설] be동사 Are를 사용하여 내일 오후에 시간이 있는지 묻는 일반 의문문입니다.

   (A) 시간이 있는지 묻는 질문에 After March(3월 이후요)라는 특정 시점 표현으로 응답했으므로 오답입니다.

   (B) 시간이 있는지 묻는 질문에 It's sugar-free(이것은 무설탕이에요)라는 관련 없는 내용으로 응답했으므로 오답입니다. 질문의 free(시간이 되는)를 '무첨가인, ~가 없는'이라는 다른 뜻으로 사용하여 혼동을 주는 오답입니다.

   (C) 시간이 있는지 묻는 질문에 No로 응답한 뒤, I have a client meeting at 3 P.M.(오후 3시에 고객과 회의가 있어요)이라고 그 이유를 부연 설명했으므로 정답입니다.

03. Where can I find this portable charger? 이 휴대용 충전기를 어디서 찾을 수 있나요?

(A) No, it's out of stock. 아니요, 그것은 품절이에요.

(B) You were charged an extra fee. 추가 요금이 부과되셨어요.

(C) Let me check. 확인해 볼게요.

[해설] 의문사 Where를 사용하여 휴대용 충전기를 찾을 수 있는 장소를 묻는 의문사 의문문입니다.

   (A) 의문사 의문문에 No로 응답했으므로 오답입니다.

   (B) 어디서 충전기를 찾을 수 있는지 묻는 질문에 You were charged an extra fee(추가 요금이 부과되셨어요)라는 관련 없는 내용으로 응답했으므로 오답입니다. 질문의 charger(충전기)와 발음이 유사한 charge(부과하다)를 사용하여 혼동을 주는 오답입니다.

   (C) 어디서 충전기를 찾을 수 있는지 묻는 질문에 구체적인 장소를 제시하는 대신 Let me check(확인해 볼게요)라는 간접 표현으로 응답한 정답입니다.

[어휘] portable 휴대용의   out of stock 품절인   extra 추가적인, 부가의   fee 요금

04. Why don't you bring your laptop computer tomorrow? 내일 당신의 노트북 컴퓨터를 가져오시는 게 어때요?

(A) On top of a counter. 계산대 위에요.

(B) That sounds good to me. 그거 좋은 생각이네요.

(C) They have low prices. 거기 가격이 저렴해요.

[해설] 'Why don't you ~?'를 사용하여 내일 노트북을 가져올 것을 제안하는 권유 의문문입니다.

   (A) 노트북을 가져오라는 제안에 On top of a counter(계산대 위에요)라는 위치 표현으로 응답했으므로 오답입니다. 질문의 laptop(노트북)과 발음이 유사한 top(위, 꼭대기)을 사용하여 혼동을 주는 오답입니다.

   (B) 노트북을 가져오라는 제안에 That sounds good to me(그거 좋은 생각이네요)라는 승낙 표현으로 적절히 응답했으므로 정답입니다.

   (C) 노트북을 가져오라는 제안에 They have low prices(거기 가격이 저렴해요)라는 관련 없는 내용으로 응답했으므로 오답입니다.

[어휘] counter 계산대   low 낮은, 적은

01 단서 표현 듣기

연습 문제   본문 p. 124

01. Let me (미래)   **02.** I'm calling to (주제/목적)   **03.** How about (요청/제안)

04. because of (이유/원인)   **05.** starting from (시간/시점)   **06.** You've reached (직업/업종)

07. Welcome to (장소)   **08.** I'm sorry about (문제점)

01. Let me reserve the next available time slot for you. 다음 가능한 시간대를 예약해 드리겠습니다.

　　어휘 reserve 예약하다　available 이용할 수 있는　time slot 시간대

02. I'm calling to make an appointment with Dr. Robinson. Robinson 박사님과 약속을 잡으려고 전화드렸어요.

　　어휘 make an appointment 약속을 잡다

03. How about going to a movie tonight? 오늘 밤에 영화 보러 가는 게 어때요?

04. The concert was delayed because of bad weather. 날씨가 좋지 않아서 콘서트가 연기되었어요.

　　어휘 delay 지연시키다　weather 날씨

05. Our prices will be raised starting from next week. 다음 주부터 저희 가격이 인상될 것입니다.

　　어휘 raise 인상하다

06. You've reached Mega Cinema. Mega 극장에 전화하셨습니다.

07. Welcome to a Christmas Eve gala dinner. 크리스마스이브 경축 만찬에 오신 것을 환영합니다.

　　어휘 gala dinner 경축 만찬

08. I'm sorry about the short notice. 갑작스럽게 통보해 죄송합니다.

　　어휘 short notice 갑작스러운[촉박한] 통보

실전 문제   본문 p. 125

A 01. (A)   **02.** (B)

B 01. out of / second floor / I will go   **02.** announce / fundraising / generosity / raised

01.

W: I noticed that the printer is out of paper. Do you know if we have any more?

M: There's some in the supply room on the second floor.

W: OK. I will go get it.

여: 보니까 프린터 용지가 다 떨어졌어요. 더 있는지 아세요?

남: 2층에 있는 비품실에 좀 있어요.

여: 알겠어요. 제가 가서 가져올게요.

[어휘] be out of ~가 다 떨어지다   supply room 비품실   floor 층

여자는 다음에 무엇을 할 것 같은가?

(A) 다른 층에 가기

(B) 기술자에게 전화하기

(C) 도서관에 방문하기

[해설] 여자가 다음에 무엇을 할 것인지 묻는 미래 문제입니다. 남자의 말 on the second floor와 여자의 말 I will go get it에서 여자는 다음에 2층에 있는 비품실에 가서 용지를 가져올 것임을 알 수 있으므로 (A)가 정답입니다.

[어휘] technician 기술자

02. [연설]

I'm pleased to <u>announce</u> that <u>fundraising</u> efforts for the citywide community garden project are going very well. Thanks to the <u>generosity</u> of locals, we have <u>raised</u> almost as much as we planned.

저는 전 도시의 지역 정원 프로젝트를 위한 기금 모금 활동이 매우 잘 진행되고 있다는 것을 발표하게 되어 기쁩니다. 지역 주민들의 너그러움 덕분에, 저희는 거의 계획한 만큼 모금했습니다.

[어휘] announce 발표하다   fundraising 모금, 자금 조달   effort (특정 성과를 거두기 위한) 활동   citywide 전 도시의, 도시 전체의   community 지역(사회)   generosity 너그러움, 관대함   local 주민; 지역의   raise (자금을) 모으다

화자는 주로 무엇에 관해 이야기하고 있는가?

(A) 지역 농산물 시장

(B) 기금 모금 행사

(C) 구민 운동 경기장

[해설] 화자가 무엇에 관해 이야기하고 있는지 묻는 주제 문제입니다. 화자의 말 I'm pleased to announce that fundraising efforts ~ are going very well에서 기금 모금 활동에 관해 이야기하고 있음을 알 수 있으므로 (B)가 정답입니다.

[패러프레이징] fundraising efforts → fundraising event

[어휘] farmer 농부   field 경기장

02 긴 문장 끊어 듣기

연습 문제

본문 p. 128

[01-05] **01.** The presenter said / that he will hold a Q&A session.

02. Ms. Bolton will conduct job interviews / after she returns from the conference.

03. She sent a file to the customer / who is interested in the stock investment.

04. Some employees heard / they will receive a cash bonus.

05. Because it was a final sale, / it won't be refunded.

[06-10] 06. The workshops will begin / at 1:30 P.M. (시간)

07. He had lunch / at the cafeteria. (장소)

08. Mr. Bryant's office is located / on the second floor. (장소)

09. All the information is provided / on our Web site. (장소)

10. I have to plug it in / after just one hour of use. (시간)

[01-05]

01. 발표자는 질문과 답변 시간을 갖겠다고 말했다.

(어휘) presenter 발표자   session 시간, 회기

02. Bolton 씨는 학회에서 돌아온 후 채용 면접을 진행할 것이다.

(어휘) conduct 진행하다, 실행하다   job interview 채용[취업] 면접   return 돌아오다

03. 그녀는 주식 투자에 관심이 있는 고객에게 파일을 보냈다.

(어휘) interested in ~에 관심이 있는   stock 주식   investment 투자

04. 몇몇 직원들은 현금 상여금을 받을 거라고 들었다.

(어휘) employee 직원   receive 받다

05. 마지막 할인이었기 때문에 환불이 안 될 것이다.

(어휘) refund 환불하다

[06-10]

06. 연수회는 오후 1시 30분에 시작할 것이다.

07. 그는 구내식당에서 점심을 먹었다.

(어휘) cafeteria 구내식당

08. Bryant 씨의 사무실은 2층에 위치한다.

(어휘) be located on ~에 위치하다

09. 모든 정보는 우리 웹사이트에서 제공된다.

(어휘) provide 제공하다

10. 단 한 시간만 사용해도 그 플러그를 꽂아야 한다.

(어휘) plug in ~의 플러그를 꽂다

실전 문제   본문 p. 129

A 01. (C)   **02.** (B)

B 01. stay late / tomorrow / appointment / doctor   **02.** welcome to / attend / stockholders

01.

M: Good evening, Ms. Scott. You're here late tonight. Is everything OK?

W: Oh, there's no problem. I just thought I would <u>stay</u> <u>late</u> tonight to get ahead on some work.

I won't be in until after lunch <u>tomorrow</u> because I have an <u>appointment</u> with my <u>doctor</u> in the morning.

남: 안녕하세요, Scott 씨. 오늘 밤 늦게까지 여기 있네요. 다 괜찮은 거죠?

여: 아, 아무 문제없어요. 오늘 밤 늦게까지 남아서 미리 일을 좀 해둬야겠다고 생각했어요. 아침에 병원 예약이 되어 있어서 내일 점심 후에나 출근할 거거든요.

[어휘] **stay late** 늦게까지 머무르다   **get ahead** 미리[먼저] 하다   **appointment** 예약, 약속

여자는 내일 아침에 무엇을 할 것인가?

(A) 회사 회의에 참석하기

(B) 팸플릿 배부하기

(C) 병원 방문하기

[해설] 여자가 내일 아침에 무엇을 할 것인지 묻는 미래 문제입니다. 여자의 말 I have an appointment with my doctor in the morning에서 내일 아침에 의사를 만나러 병원에 갈 것임을 알 수 있으므로 (C)가 정답입니다.

[패러프레이징] have an appointment with my doctor → Visit a clinic

[어휘] **distribute** 분배하다, 나눠주다   **pamphlet** 팸플릿   **clinic** (전문) 병원

02. [연설]

Good morning, and <u>welcome</u> to MeranTech. I would like to thank those of you who came from out of state, or even from outside the country, to <u>attend</u> our annual <u>stockholders</u> meeting.

안녕하세요, MeranTech에 오신 것을 환영합니다. 저는 다른 주에서, 혹은 국외에서 저희 연례 주주 총회에 참석하기 위해 오신 여러분들께 감사드리고 싶습니다.

[어휘] **state** 주   **outside** ~의 밖에   **country** 국가, 나라   **attend** 참석하다   **annual** 연례의   **stockholder** 주주

청자들은 어디에 있는 것 같은가?

(A) 제품 출시 파티에

(B) 주주 총회에

(C) 사교 모임에

[해설] 청자들이 어디에 있는지 묻는 장소 문제입니다. 화자의 말 I would like to thank those of you ~ to attend our annual stockholders meeting에서 청자들이 연례 주주 총회에 참석했음을 알 수 있으므로 (B)가 정답입니다.

[패러프레이징] stockholders meeting → shareholders meeting

[어휘] **launch** 출시   **shareholder** 주주   **social event** 사교 모임

어휘 다지기 – 대화 주제별 어휘

01 직장생활 관련 빈출 표현

연습 문제
본문 p. 136

[01-10] **01.** hold 개최하다   **02.** résumé 이력서   **03.** extra 추가의   **04.** venue 장소   **05.** hire 고용하다

06. feedback 의견   **07.** transfer 전근   **08.** deadline 마감일   **09.** opening 공석

10. accommodation 숙박 시설

[11-15] **11.** travel expenses   **12.** position   **13.** presentation   **14.** applications   **15.** orientation

실전 문제
본문 p. 137

A **01.** (C)   **02.** (A)

B **01.** reserved / meeting / using / scheduling   **02.** lecturer position / interview / responsible

01.

W: Hi, Pat. This is Catherine Chipman calling from the research and development department. This morning, I reserved Room 110 for 2:00 P.M. I just went down there to start my team's meeting, but another large group is still using it.

M: I'm very sorry, Catherine. There's an issue with the company's scheduling software.

여: 안녕하세요, Pat. 연구개발부에서 전화드리는 Catherine Chipman입니다. 오늘 아침, 오후 2시로 110호실을 예약했는데요. 방금 저희 팀 회의를 시작하기 위해 그곳으로 내려갔는데, 다른 많은 사람들이 아직도 사용하고 있어요.

남: 정말 미안합니다, Catherine. 회사의 일정 관리 소프트웨어에 문제가 있습니다.

어휘 research and development department 연구개발부   reserve 예약하다   still 여전히   issue 문제   scheduling 일정 관리

여자는 110호실에 관해 뭐라고 말하는가?
(A) 잠겨 있다.
(B) 작다.
(C) 사용 중이다.

해설 여자가 110호에 관해 뭐라고 말하는지 묻는 세부 사항 문제입니다. 여자의 말 another large group is still using it에서 110호가 사용 중임을 알 수 있으므로 (C)가 정답입니다.

패러프레이징 using → occupied

어휘 locked 잠긴   occupied 사용 중인

02.

M: Hello, Ms. Bryant. My name is Victor Brooks. I want to let you know that you are one of two finalists that we are considering for a lecturer position. Before we begin your second interview, do you have any questions for me?

W: Well, I'm a little curious about the curriculum. Would I be <u>responsible</u> for developing it myself?

남: 안녕하세요, Bryant 씨. 제 이름은 Victor Brooks입니다. 저희가 강사 자리에 고려하고 있는 두 명의 최종 후보자 중 귀하가 한 명이라는 것을 알려 드리고 싶습니다. 귀하의 2차 면접을 시작하기 전에, 질문 있으신가요?

여: 음, 커리큘럼이 좀 궁금합니다. 제가 직접 개발해야 할까요?

[어휘] finalist 최종 후보자 consider 고려하다 lecturer 강사 position 직책, 자리 curious 궁금한, 호기심이 많은
be responsible for ~을 맡다, ~에 책임이 있다 develop 개발하다

여자는 어떤 자리에 지원하고 있는가?
(A) 강사
(B) 편집자
(C) 언론인

[해설] 여자가 어떤 일자리에 지원하고 있는지 묻는 세부 사항 문제입니다. 남자의 말 you are one of two finalists that we are considering for a lecturer position에서 여자가 강사 자리에 지원하고 있음을 알 수 있으므로 (A)가 정답입니다.

[어휘] apply for ~에 지원하다

O2 일상생활 관련 빈출 표현

연습 문제
본문 p. 142

[01-10] **01.** bill 계산서 **02.** airport 공항 **03.** theater 극장 **04.** refund 환불 **05.** fare 요금
06. admission 입장료 **07.** vegetarian 채식주의의 **08.** depart 출발하다 **09.** loan 대출
10. discount 할인

[11-15] **11.** reasonable **12.** missed **13.** direct **14.** appointment **15.** box office

실전 문제
본문 p. 143

A 01. (A) **02.** (B)
B 01. mistake / in brown / return / refund **02.** signing up / friend / savings account

01.

W: Hello. My name is Margaret Jenkins. I'm calling because there has been a <u>mistake</u> with my order. The standing linen cabinet you sent is light gray. I asked for it <u>in brown</u>. Could I just <u>return</u> the cabinet you sent?

M: Sure. As soon as we get it back, I'll <u>refund</u> your card for the amount you paid for it.

여: 안녕하세요. 제 이름은 Margaret Jenkins입니다. 주문에 착오가 있어서 전화드렸습니다. 보내 주신 스탠딩 리넨 수납장이 연회색이네요. 저는 갈색으로 요청했는데요. 보내 주신 수납장을 그냥 반품해도 될까요?

남: 물론이죠. 저희가 돌려받는 대로 고객님의 카드로 지불하신 금액에 대해 환불해 드리겠습니다.

여자는 주문 상품에 관해 뭐라고 말하는가?
(A) 다른 색깔이다.
(B) 크기가 맞지 않다.
(C) 분실되었다.

[해설] 여자가 주문한 상품에 관해 뭐라고 말하는지 묻는 세부 사항 문제입니다. 여자의 말 The standing linen cabinet you sent is light gray. I asked for it in brown에서 갈색 수납장을 주문했는데 회색 수납장이 왔음을 알 수 있으므로 (A)가 정답입니다.

[어휘] wrong 잘못된, 원하는 것이 아닌   incorrect 맞지 않는   missing 분실된

02.

W: Good afternoon. Thank you for calling Central Bank. How may I help you?
M: I'm interested in signing up for your Sapphire Frequent Flyer credit card. My friend told me about it.
W: Do you already have an account with us?
M: Yes. I have a Central Bank savings account.

여: 안녕하세요. Central 은행에 전화 주셔서 감사합니다. 무엇을 도와 드릴까요?
남: Sapphire Frequent Flyer 신용 카드를 신청하고 싶은데요. 제 친구가 그것에 대해 말해 줬어요.
여: 저희 계좌를 이미 가지고 계신가요?
남: 네. Central 은행 예금 계좌가 있어요.

[어휘] sign up for ~을 신청하다, ~에 가입하다   credit card 신용 카드   account 계좌

남자는 Sapphire Frequent Flyer 신용 카드에 대해 어떻게 알게 되었는가?
(A) 광고를 봄으로써
(B) 지인과 이야기함으로써
(C) 신문을 읽음으로써

[해설] 남자가 Sapphire Frequent Flyer 신용 카드에 대해 어떻게 알게 되었는지 묻는 세부 사항 문제입니다. 남자의 말 My friend told me about it에서 친구가 그 신용 카드에 대해 알려 주었음을 알 수 있으므로 (B)가 정답입니다.

[패러프레이징] My friend told me → speaking with an acquaintance

[어휘] commercial 광고   acquaintance 지인, 아는 사람

01 전화 메시지/공지/광고 빈출 표현

연습 문제
본문 p. 150

[01-10] **01.** durable 내구성 좋은 **02.** patron 고객 **03.** enter 참가하다 **04.** represent 대표하다

05. get in touch 연락하다 **06.** appreciation 감사 **07.** frequent 빈번한 **08.** apologize 사과하다

09. automatically 자동으로 **10.** break 휴식

[11-15] **11.** further **12.** via **13.** reviews **14.** award **15.** various

실전 문제
본문 p. 151

A **01.** (C) **02.** (B)

B **01.** apologize / delay / system defect **02.** maintaining / garden / friendly / offer

01. [공지]

Ladies and gentlemen, this is your captain speaking. I <u>apologize</u> for the <u>delay</u>. An onboard computer <u>system</u> <u>defect</u> <u>was discovered</u> while we were taxiing to the runway.

신사 숙녀 여러분, 저는 이 비행기의 기장입니다. 지연에 대해 사과드립니다. 활주로로 이동하던 중 기내 컴퓨터 시스템 결함이 발견되었습니다.

어휘 captain 기장, 선장 apologize for ~에 대해 사과하다 delay 지연, 연기 onboard 기내의 defect 결함 discover 발견하다
taxi (이륙 전) 천천히 달리다 runway 활주로

비행이 왜 지연되고 있는가?
(A) 출발 탑승구가 닫혔다.
(B) 위험한 태풍이 접근하고 있다.
(C) 장비에 결함이 있다.

해설 비행이 왜 지연되고 있는지 묻는 이유/원인 문제입니다. 화자의 말 An onboard computer system defect was discovered 에서 기내 컴퓨터 시스템에서 결함이 발견되었음을 알 수 있으므로 (C)가 정답입니다.

패러프레이징 computer system defect → A piece of equipment is faulty.

어휘 departure 출발, 이륙 approach 접근하다 equipment 장비 faulty 결함이 있는

02. [광고]

Do you need help keeping your flowerbed weed-free or <u>maintaining</u> a healthy lawn or <u>garden</u>? Let the <u>friendly</u> staff at Pat's Gardening Services assist you. We <u>offer</u> mowing, shrub and bush trimming, leaf removal, flowerbed maintenance, and much more.

화단에 잡초가 생기지 않도록 하거나 건강한 잔디나 정원을 유지하는 데 도움이 필요하신가요? Pat's Gardening Services의 친절한 직원이 도와 드리겠습니다. 저희는 잔디 깎기, 가지치기, 잎 제거, 화단 유지 관리 등을 제공합니다.

광고는 무엇에 관한 것인가?
(A) 가구점
(B) 조경 서비스
(C) 캠핑용품 회사

[해설] 무엇에 관한 광고인지 묻는 광고 제품 및 서비스 문제입니다. 화자의 말 Let the friendly staff at Pat's Gardening Services assist you에서 조경 서비스 회사에서 광고하는 것임을 알 수 있으므로 (B)가 정답입니다.

[패러프레이징] Gardening → landscaping

[어휘] furniture 가구   landscaping 조경   outdoor 야외의

02 방송 및 뉴스/회의 내용 발췌/연설 빈출 표현

연습 문제
본문 p. 156

[01-10] **01.** reward 보상   **02.** device 장치   **03.** brief 간결한   **04.** workload 작업량   **05.** manual 설명서
06. donate 기부하다   **07.** commuter 통근의   **08.** efficient 효율적인   **09.** agenda 안건
10. exceed 초과하다

[11-15] **11.** local   **12.** tight   **13.** rapidly   **14.** catered   **15.** share

실전 문제
본문 p. 157

A 01. (C)   **02.** (A)
B 01. sales / exceeded / goals / thank   **02.** joining / president / Foundation / accomplished

01. [회의 내용 발췌]

Congratulations, everyone! Our <u>sales</u> and profits this quarter have <u>exceeded</u> management's <u>goals</u>. The public seems to love our new foldable smartphone, so <u>thank</u> you for all the hard work you put in during the development process.

축하합니다, 여러분! 이번 분기의 매출과 수익이 경영진의 목표를 초과 달성했습니다. 대중들은 우리의 새로운 접이식 스마트폰을 좋아하는 것 같습니다. 그래서 개발 과정 동안 여러분이 쏟은 모든 노고에 감사드립니다.

[어휘] sale 매출   profit 수익, 이윤   quarter 분기   exceed 초과하다   management 경영진, 관리   goal 목표   foldable 접을 수 있는
hard work 노고   put in (노력을) 쏟다, 들이다   development 개발   process 과정, 절차

회의의 주목적은 무엇인가?
(A) 몇 가지 목표를 설명하는 것
(B) 신제품을 소개하는 것
(C) 감사의 뜻을 표하는 것

[해설] 회의의 주목적이 무엇인지 묻는 목적 문제입니다. 화자의 말 so thank you for all the hard work you put in during the development process에서 개발 과정 동안의 노력에 감사를 표하는 것이 주목적임을 알 수 있으므로 (C)가 정답입니다.

패러프레이징 thank → express appreciation

어휘 describe 설명하다 introduce 소개하다 express 표하다 appreciation 감사

02. [연설]

Good evening, ladies and gentlemen. Thank you for <u>joining</u> us tonight for our 4th annual gala. My name is Paul Irwin, and I am the president of the Animal Protection Foundation. A lot has been <u>accomplished</u> this year through our efforts.

신사 숙녀 여러분, 안녕하세요. 오늘 밤 제4회 연례행사에 참석해 주셔서 감사합니다. 제 이름은 Paul Irwin이고, 동물 보호 재단의 회장입니다. 올해는 우리의 노력으로 많은 일들이 이루어졌습니다.

어휘 gala 경축 행사 president 회장 foundation 재단, 협회 accomplish 이루다, 성취하다 through ~을 통해서 effort 노력

화자는 누구인 것 같은가?

(A) 재단 간부

(B) 정부 공무원

(C) 대학 교수

해설 화자가 누구인지 묻는 직업 문제입니다. 화자의 말 I am the president of the Animal Protection Foundation에서 화자는 동물 보호 재단의 회장인 것을 알 수 있으므로 (A)가 정답입니다.

패러프레이징 president → executive

어휘 executive (기업·조직의) 간부, 임원 official 공무원 professor 교수

어휘 다지기 – 패러프레이징

01 비슷한 의미로 바꿔 쓴 표현

본문 p. 165

연습 문제

[01-10] **01.** attend – go to   **02.** register – sign up   **03.** free – at no cost   **04.** increase – grow

05. apologize for – be sorry for   **06.** distribute – pass out   **07.** begin – start

08. reduce – decrease   **09.** send – mail   **10.** fill out – complete

[11-15] **11.** expenses (cost)   **12.** happy (pleased)   **13.** track (monitor)   **14.** set up (install)

15. right away (soon)

[11-15]

11. All our travel <u>expenses</u> will be charged to the company. 우리의 모든 출장 비용은 회사에 청구될 것입니다.

(어휘) expense 비용 charge (비용을) 청구하다

12. I'm <u>happy</u> to announce Ms. Yeats' promotion. Yeats 씨의 승진을 발표하게 되어 기쁩니다.

(어휘) announce 발표하다 promotion 승진

13. You can <u>track</u> all of your banking transactions online. 모든 은행 거래를 온라인으로 추적하실 수 있습니다.

(어휘) track 추적하다 transaction 거래

14. Mr. Cole will <u>set up</u> the new software on your computer.

Cole 씨가 당신의 컴퓨터에 새로운 소프트웨어를 설치할 것입니다.

(어휘) set up ~을 설치하다

15. She will call you back <u>right away</u>. 그녀가 당신에게 바로 전화할 것입니다.

(어휘) right away 바로, 즉시

실전 문제

본문 p. 166

A 01. (B)   **02.** (B)

B 01. sign up / exposition / participated / show   **02.** exercise / visitors / fill out / questionnaire

01.

M: I'd like to <u>sign up</u> for this year's home décor <u>exposition</u> to gain some exposure. How much does that cost?

W: That's great. Have you <u>participated</u> in the <u>show</u> before?

남: 올해의 집 인테리어 박람회에 등록해서 좀 알리고 싶은데요. 비용은 얼마나 드나요?

여: 잘됐네요. 전에 박람회에 참가하신 적이 있나요?

[어휘] sign up (for) (~에) 등록하다   décor 장식   exposition 박람회   exposure 알려짐, 노출   cost (비용이) 들다
participate in ~에 참가하다

남자는 무엇을 하기를 원하는가?
(A) 가구 구매하기
(B) 무역 박람회에 등록하기
(C) 자신의 집을 다시 장식하기

[해설] 남자가 무엇을 하기를 원하는지 묻는 세부 사항 문제입니다. 남자의 말 I'd like to sign up for this year's home décor exposition에서 박람회에 등록하기를 원하는 것을 알 수 있으므로 (B)가 정답입니다.

[패러프레이징] sign up → Register / exposition → trade show

[어휘] furniture 가구   register (for) (~에) 등록하다   trade show 무역 박람회   redecorate 다시 장식하다

02. [공지]

The New Wave Recreation Center houses an <u>exercise</u> room with a variety of cardio machines and weight training equipment. We would like to ask all <u>visitors</u> to the center to <u>fill</u> <u>out</u> a questionnaire about their experience using this room.

New Wave 레크리에이션 센터는 다양한 유산소 운동 기계와 웨이트 트레이닝 장비가 있는 운동실을 갖추고 있습니다. 센터를 방문하는 모든 방문객들에게 이 운동실을 사용한 경험에 대한 설문지를 작성해 줄 것을 요청드리고 싶습니다.

[어휘] house 수용하다   exercise 운동   a variety of 다양한   cardio 심장 강화 운동   equipment 장비   fill out ~을 작성하다
questionnaire 설문지   experience 경험

청자들은 무엇을 하도록 요청받는가?
(A) 사전에 방(운동실) 예약하기
(B) 설문 조사 작성하기
(C) 장비를 조심스럽게 사용하기

[해설] 청자들에게 요청하는 게 무엇인지 묻는 요청 문제입니다. 화자의 말 We would like to ask all visitors to the center to fill out a questionnaire에서 방문객들에게 설문지를 작성하도록 요청하고 있음을 알 수 있으므로 (B)가 정답입니다.

[패러프레이징] fill out a questionnaire → Complete a survey

[어휘] reserve 예약하다   in advance 사전에, 미리   complete 작성하다   survey 설문 조사   carefully 조심스럽게

02 넓은 의미로 바꿔 쓴 표현

연습 문제   본문 p. 168

[01-04] **01.** new house – new location   **02.** guitarist – musician   **03.** desk – furniture
04. bus – public transportation
[05-07] **05.** workshop (event)   **06.** car (vehicle)   **07.** by e-mail (electronically)

[05-07]

05. The company will be conducting a <u>workshop</u> on communication skills.

회사는 의사소통 기술에 대한 워크숍을 진행할 것입니다.

06. I'd like to rent a car for the weekend. 저는 주말 동안 차를 빌리고 싶습니다.

07. The successful candidates will be notified by e-mail. 합격자는 이메일로 통보될 것입니다.

실전 문제

본문 p. 169

A 01. (B)   **02.** (A)

B 01. car / drive / offer / temporary   **02.** activities / avoid / encourage / buses

---

01.

> **W:** Hi, Dan. This is Melissa Ward. I'm calling to see if my car is ready to be picked up. I need to drive somewhere later tonight.
>
> **M:** Unfortunately, it's not. I can offer you a temporary car from our lot if you would like.
>
> **여:** 안녕하세요, Dan. 저는 Melissa Ward입니다. 제 차가 가지고 갈 준비가 되었는지 알아보려고 전화했어요. 오늘 밤 늦게 운전해서 어디 가야 해서요.
>
> **남:** 안타깝게도, 준비가 안 됐습니다. 원하신다면 저희 차고지에서 임시 차를 제공해 드릴 수 있습니다.
>
> ---
>
> [어휘] somewhere 어딘가로   later 이따가, 늦게   unfortunately 안타깝게도, 불행하게도   offer 제공하다   temporary 임시의, 일시적인
> lot 차고지

남자는 여자에게 무엇을 제공하는가?

(A) 일부 작업에 대한 할인

(B) 대체 차량

(C) 그녀의 집까지 태워다 주기

[해설] 남자가 여자에게 무엇을 제공하는지 묻는 세부 사항 문제입니다. 남자의 말 I can offer you a temporary car에서 여자에게 임시로 쓸 차량을 제공하려는 것을 알 수 있으므로 (B)가 정답입니다.

[패러프레이징] temporary car → substitute vehicle

[어휘] discount 할인   substitute 대체의, 대신의   vehicle 차량   ride 태우고 감

---

02. [방송]

> The Summer Fair will kick off this Friday in Gilview. You can expect all the familiar rides, food, and fun outdoor activities again this year. To avoid last summer's traffic jams and long waits on Highway 65, local officials encourage everyone to use city buses to get to the fair.
>
> 하계 박람회가 이번 주 금요일에 Gilview에서 시작될 것입니다. 올해도 모든 익숙한 놀이기구, 음식, 재미있는 야외 활동을 기대하실 수 있습니다. 지난여름 65번 고속 도로에서의 교통 체증과 정체를 피하기 위해, 지역 공무원들은 모든 사람들에게 박람회에 오려면 시내버스를 이용하도록 권장하고 있습니다.

청자들은 무엇을 하도록 권고받는가?

(A) 대중교통 이용하기
(B) 주요 고속 도로 피하기
(C) 온라인으로 표 구입하기

해설 청자들에게 권고하는 게 무엇인지 묻는 세부 사항 문제입니다. 화자의 말 local officials encourage everyone to use city buses to get to the fair에서 청자들에게 박람회에 올 때 시내버스를 이용하도록 권장하고 있음을 알 수 있으므로 (A)가 정답입니다.

패러프레이징 buses → public transportation

어휘 **advise** 권고하다 **public transportation** 대중교통 **major** 주요한

01 주제/목적 문제 유형

연습 문제
본문 p. 174

[01-05] **01.** ⓑ **02.** ⓑ **03.** ⓐ **04.** ⓑ **05.** ⓐ

[06-10] **06.** ⓓ **07.** ⓒ **08.** ⓑ **09.** ⓐ **10.** ⓔ

실전 문제
본문 p. 175

A 01. (C) **02.** (B)

B 01. business / slowed / opened / cheaper **02.** like to / appointment / wheels

01.

W: Our business has slowed down a lot since the new coffee shop down the street opened. I think we need to do something.

M: I know. It's because their coffee is cheaper.

여: 길 아래쪽에 새 커피숍이 문을 연 이후로 우리 사업이 많이 침체됐어요. 뭔가 조치를 취해야 할 것 같아요.

남: 알아요. 그들의 커피가 더 싸서 그래요.

어휘 slow down (매출 등이) 주춤하다, 둔화되다 a lot 많이 cheaper 가격이 더 싼(cheap의 비교급 형용사)

대화는 주로 무엇에 관한 것인가?

(A) 새 위치로의 이전

(B) 카페 마케팅 캠페인

(C) 다른 업체와의 경쟁

해설 무엇에 관한 대화인지 묻는 주제 문제입니다. 여자의 말 Our business has slowed down a lot since the new coffee shop down the street opened. I think we need to do something에서 새로 생긴 커피숍과 경쟁 상황에 놓여 그에 따른 조치에 관해 이야기하는 것이 주제임을 알 수 있으므로 (C)가 정답입니다.

패러프레이징 new coffee shop → another business

어휘 location 위치 rivalry 경쟁

02.

W: Thank you for calling A Day to Remember. How may I help you?

M: Hello, I'd like to make an appointment to bring my bicycle in to have new wheels put on.

여: A Day to Remember에 전화해 주셔서 감사합니다. 무엇을 도와 드릴까요?

남: 안녕하세요. 예약을 하고 싶은데요, 제 자전거를 가져가서 새 바퀴를 달려고요.

어휘 make an appointment 예약하다, 약속을 잡다 bring in ~을 들여가다, 안으로 가져가다 wheel 바퀴 전화의 목적은 무엇인가?

(A) 장소를 예약하는 것

(B) 서비스 일정을 잡는 것

(C) 일자리 제의를 하는 것

[해설] 전화의 목적이 무엇인지 묻는 목적 문제입니다. 남자의 말 I'd like to make an appointment to bring my bicycle in to have new wheels put on에서 자전거 바퀴 교체 예약을 하려고 함을 알 수 있으므로 (B)가 정답입니다.

[패러프레이징] make an appointment → schedule

[어휘] reserve 예약하다 venue 장소 schedule 일정을 잡다 job offer 일자리 제의

02 장소/직업 및 직장 문제 유형

연습 문제
본문 p. 178

[01-05] 01. ⓐ   02. ⓑ   03. ⓒ   04. ⓑ   05. ⓐ

[06-10] 06. ⓔ   07. ⓒ   08. ⓐ   09. ⓑ   10. ⓓ

실전 문제
본문 p. 179

A 01. (A)   02. (A)

B 01. room / house / kitchen / close   02. hired / plan / celebration

01.

M: Well, that was the last room in the house. Now that you've seen it, what do you think?

W: I like it a lot, especially the modern kitchen, the large windows, and the fact that it's close to several schools.

남: 자, 그게 이 집의 마지막 방이었습니다. 보시고 나니 어떤 것 같으세요?

여: 매우 좋아요, 특히 현대식 부엌, 큰 창문, 그리고 여러 학교와 가깝다는 점이 마음에 듭니다.

[어휘] especially 특히 modern 현대적인 fact (~라는) 점 close to ~와 가까운 several 여러, 몇몇의

화자들은 어디에 있는 것 같은가?

(A) 개인 주택에

(B) 교육 시설 안에

(C) 가정용품 가게에

[해설] 화자들이 어디에 있는지 묻는 장소 문제입니다. 남자의 말 that was the last room in the house에서 화자들은 집을 둘러보고 있음을 알 수 있으므로 (A)가 정답입니다.

[패러프레이징] house → residence

[어휘] private 개인의 residence 주택 educational 교육의 facility 시설 home goods 가정용품

02.

W: Hello. This is Debra Jones. I've been hired by VIP International School to plan the 10th anniversary celebration and workshop on their behalf.

M: Hi, Ms. Jones. What can I do for you?

여: 안녕하세요. 저는 Debra Jones인데요. VIP 국제학교에 고용되어 10주년 기념식과 워크숍을 대신 기획했습니다.

남: 안녕하세요, Jones 씨. 무엇을 도와 드릴까요?

어휘 hire 고용하다 **international** 국제적인 **anniversary** 기념일의 **celebration** 기념(식) **on one's behalf** ~을 대신하여

여자는 누구인 것 같은가?

(A) 행사 기획자

(B) 학교 교사

(C) 사진작가

해설 여자가 누구인지 묻는 직업 문제입니다. 여자의 말 I've been hired ~ to plan the 10th anniversary celebration and workshop on their behalf에서 여자는 행사를 기획하는 일을 하는 사람임을 알 수 있으므로 (A)가 정답입니다.

01 요청 및 제안/문제점/미래 문제 유형

연습 문제
본문 p. 186

[01-05] **01.** ⓒ **02.** ⓐ **03.** ⓒ **04.** ⓓ **05.** ⓑ

[06-10] **06.** ⓒ **07.** ⓔ **08.** ⓐ **09.** ⓑ **10.** ⓓ

실전 문제
본문 p. 187

A 01. (A) **02.** (B)

B 01. cracks / fixed / Could you ask **02.** contact / department / Let me call

01.

W: Well, I noticed some <u>cracks</u> in the basement. If the owners agree to get them <u>fixed</u>, I will purchase the property at their price. <u>Could you ask</u> them if they'd consider that?

M: Absolutely. I'll call them this afternoon.

여: 음, 지하실에 금이 간 것들을 봤어요. 만약 집주인들이 그것들을 수리해 주는 것에 동의한다면, 그들이 제시한 가격으로 집을 매입할게요. 그것을 고려해 줄 수 있는지 물어봐 주시겠어요?

남: 물론이죠. 오늘 오후에 그분들에게 전화할게요.

어휘 notice 발견하다　crack 금　basement 지하실　owner 주인, 소유주　agree to + 동사 ~하는 것에 동의하다　fix 수리하다, 고치다
purchase 매입[구매]하다　property 건물, 부동산　consider 고려하다

여자가 남자에게 하도록 요청하는 것은 무엇인가?

(A) 문의하기
(B) 기기 수리하기
(C) 건물 방문하기

해설 여자가 남자에게 요청하는 것을 묻는 요청 문제입니다. 여자의 말 Could you ask them if they'd consider that?에서 집주인들이 지하실을 수리해 줄 수 있는지 물어봐 달라고 요청하고 있음을 알 수 있으므로 (A)가 정답입니다.

패러프레이징 ask → Make an inquiry

어휘 inquiry 문의, 질문　appliance (가정용) 기기

02.

W: The trainer left his <u>contact</u> information with the <u>HR department</u>. Maybe we can arrange for him to return next week so he can clarify some things.

M: That sounds like a good idea. <u>Let me call</u> them now to get his number.

여: 그 강사가 인사부에 연락처를 남겼어요. 아마 그가 다음 주에 다시 와서 몇 가지를 명확하게 설명할 수 있도록 준비할 수 있을 거예요.

남: 좋은 생각인 것 같네요. 제가 지금 인사부에 전화해서 그의 전화번호를 알아볼게요.

[어휘] **trainer** 강사, 교육시키는 사람 **contact information** 연락처 **department** 부서 **arrange** 준비하다, 마련하다 **return** 다시 오다
clarify 명확하게 설명하다, 확실히 하다

남자는 다음에 무엇을 할 것인가?

(A) 동료 직원에게 개념 설명하기

(B) 다른 부서에 연락하기

(C) 직원회의에 참석하기

[해설] 남자가 다음에 무엇을 할 것인지 묻는 미래 문제입니다. 남자의 말 Let me call them now to get his number에서 인사부에
전화해서 강사의 연락처를 알아낼 것임을 알 수 있으므로 (B)가 정답입니다.

[패러프레이징] call → Contact

[어휘] **explain** 설명하다 **concept** 개념 **coworker** 동료 **contact** 연락하다 **attend** 참석하다

---

02 의도 파악/시각 자료 문제 유형

연습 문제	본문 p. 190

01. (A)   **02.** (A)

01.

남: 안녕하세요, Brenda. 오늘 아침 신제품 마케팅 전략 강의에 대해 어떻게 생각하세요?

여: 전반적으로, 매우 유익하다고 생각했어요. 하지만 그러고 나서 그 강사가 검색 엔진 최적화에 대해 이야기하기 시작했잖아요. 그건 제가 이
해하기에는 너무 복잡했어요.

[어휘] **opinion** 의견 **strategy** 전략 **overall** 전반적으로 **informative** 유익한 **instructor** 강사 **optimization** 최적화
complicated 복잡한 **follow** 이해하다, (내용을) 따라잡다

[해설] 여자의 말이 무엇을 암시하는지 묻는 의도 파악 문제입니다. 여자가 That was too complicated for me to follow에서 강사가
검색 엔진 최적화에 대해 한 이야기는 자신이 따라가기에 너무 복잡했다고 한 것을 보아 의도 파악 문장은 해당 전략을 이해하지
못했다는 것을 암시하는 것임을 알 수 있으므로 (A)가 정답입니다.

02.

남: 5번가에 있는 Paragon 빌딩 확인 작업이 거의 끝나셨나요? 퇴근 전까지 점검해야 하는 사무실이 두 곳 그리고 집이 한 채 더 남아 있어요.

여: 생각했던 것보다 오래 걸리고 있어요. 저는 현재 2층에서 배선을 검사하고 있어요.

[어휘] **nearly** 거의 **inspect** 점검하다 **take** (시간이) 걸리다 **currently** 현재, 지금 **wiring** 배선

Paragon 빌딩 안내	
1층	Chazzee Casual Dining
2층	Colson-Oaks Optometry
3층	Singlari and Associates
4층	Bridge Asset Management

해설 여자가 현재 작업하고 있는 위치를 찾는 시각 자료 문제입니다. 여자의 말 I'm currently on the second floor checking out the wiring에서 현재 2층에서 일하고 있음을 알 수 있고, 시각 자료에서 2층에는 Colson-Oaks Optometry가 있는 것을 확인할 수 있으므로 (A)가 정답입니다.

실전 문제

본문 p. 191

A 01. (C)   **02.** (A)

B 01. gloves / on sale / buy / happy   **02.** mystery / between / restrooms

01.

M: I'd like to purchase a pair of winter <u>gloves</u> as a surprise for my wife.

W: Great! Actually, these gloves are <u>on sale</u>. If you <u>buy</u> them, you can get a matching scarf for 50 percent off.

M: That's OK. I'm pretty sure my wife is <u>happy</u> with the scarf she currently has.

남: 제 아내를 위한 깜짝 선물로 겨울 장갑 한 켤레를 구매하고 싶어요.

여: 멋지네요! 사실, 이 장갑이 할인 중이에요. 만약 이것을 구매하시면, 50% 할인가로 어울리는 스카프를 구매하실 수 있어요.

남: 괜찮아요. 제 아내는 분명 현재 가지고 있는 스카프로도 만족할 거예요.

어휘 a pair of 한 쌍의   surprise 깜짝 선물   matching 어울리는   pretty 꽤, 상당히   currently 현재

남자가 "괜찮아요"라고 말할 때 의미하는 것은 무엇인가?

(A) 제품의 품질이 대단하다고 생각하지 않는다.

(B) 할인액에 놀랐다.

(C) 행사 상품을 이용하고 싶지 않다.

해설 남자의 말이 무엇을 의미하는지 묻는 의도 파악 문제입니다. 남자의 말 I'm pretty sure my wife is happy with the scarf she currently has에서 "괜찮아요"라는 말은 행사 상품인 스카프를 사고 싶지 않다는 의미임을 알 수 있으므로 (C)가 정답입니다.

어휘 unimpressed with ~이 대단하고 생각하지 않는   quality 품질   amazed at ~에 깜짝 놀란   discount 할인   take advantage of ~을 이용하다   promotion 판매 촉진 (상품)

02.

W: Excuse me. I'm looking for a book called *The Vulture Prince* by B.B. Norris. Do you carry it?

M: It's in our <u>mystery</u> section, <u>between</u> the café and the <u>restrooms</u> on the second floor.

W: OK. I'll go look now.

여: 실례합니다. B.B. Norris의 <독수리 왕자>라는 책을 찾고 있는데요. 여기 있나요?

남: 그 책은 2층에 카페와 화장실 사이에 위치한 추리물 구역에 있어요.

여: 알겠습니다. 지금 가서 볼게요.

어휘 **carry** (물품을) 가게에 놓다, 팔고 있다   **mystery** 미스터리(물), 추리물   **section** 구역

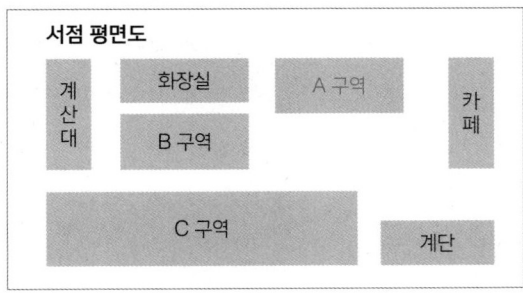

시각 자료를 보시오. 추리 소설은 어디에 있는가?

(A) A 구역

(B) B 구역

(C) C 구역

해설 추리물이 있는 구역을 찾는 시각 자료 문제입니다. 남자의 말 It's in our mystery section, between the café and the restrooms on the second floor에서 추리물 구역은 카페와 화장실 사이에 있음을 알 수 있고, 시각 자료에서 카페와 화장실 사이에는 Section A가 있는 것을 확인할 수 있으므로 (A)가 정답입니다.

01 주제/목적 문제 유형

연습 문제
본문 p. 196

[01-05] **01.** ⓐ **02.** ⓑ **03.** ⓐ **04.** ⓑ **05.** ⓑ
[06-07] **06.** (A) **07.** (B)

[06-07]

06. [회의 내용 발췌]

> Thank you all for attending the meeting today. As of next week, we will implement a new policy for business travel.
>
> 모두 오늘 회의에 참석해 주셔서 감사합니다. 다음 주부터, 새로운 출장 규정을 시행할 것입니다.
>
> 어휘 as of ~부로 implement 시행하다 policy 규정 business travel 출장

해설 회의 내용에서 발췌한 담화의 주제를 묻는 문제입니다. 화자의 말 we will implement a new policy for business travel에서 새로운 출장 규정 시행에 대해 알리는 회의임을 알 수 있으므로 (A)가 정답입니다.

07. [전화 메시지]

> Hello, I'm Jessica Robin calling from Boston Conference Center to confirm your reservation.
>
> 안녕하세요, 저는 Boston 콘퍼런스 센터에서 귀하의 예약을 확인하기 위해 전화드리는 Jessica Robin입니다.
>
> 어휘 confirm 확정하다 reservation 예약

해설 전화 메시지의 목적을 묻는 문제입니다. 화자의 말 I'm Jessica Robin calling from ~ to confirm your reservation에서 예약 확인을 위해 전화한 것임을 알 수 있으므로 (B)가 정답입니다.

실전 문제
본문 p. 197

A **01.** (B) **02.** (B)
B **01.** share / license / day-care center **02.** calling / examined / condition / offer

01. [회의 내용 발췌]

> Before we discuss next month's promotions, I have some exciting news to share. We were granted a state license to open our own day-care center here in the office.

다음 달 홍보에 관해 논의하기 전에, 몇 가지 흥미로운 소식들을 공유할 게 있습니다. 우리는 여기 사무실에 자체 탁아소를 열 수 있는 주 면허를 받았습니다.

[어휘] promotion 홍보 (활동)   share 공유하다   grant 승인하다   state 주   license 면허(증)   day-care center 탁아소

화자는 주로 무엇에 관해 이야기하고 있는가?
(A) 멘토링 프로그램
(B) 새로운 시설
(C) 교육 기회

[해설] 회의 내용에서 발췌한 담화의 주제를 묻는 문제입니다. 화자의 말 We were granted a state license to open our own day-care center here in the office에서 자체 탁아소 개설에 관해 이야기하고 있음을 알 수 있으므로 (B)가 정답입니다.

[패러프레이징] day-care center → facility

[어휘] facility 시설   educational 교육의, 교육적인   opportunity 기회

02. [전화 메시지]

Good afternoon, Ms. Feldman. This is Quentin from Simmons Motors <u>calling</u> about the Yamata Cruiser you brought in yesterday. My mechanics have <u>examined</u> your vehicle and, since it is in resalable <u>condition</u>, we would like to make you an <u>offer</u> on it.

안녕하세요, Feldman 씨. 저는 Simmons Motors의 Quentin인데요, 어제 귀하께서 가져오신 Yamata Cruiser에 관해서 전화드려요. 저희 정비사가 귀하의 차량을 검사했고, 판매 상태가 양호하니까 그것에 대한 매매 제의를 하고 싶습니다.

[어휘] mechanic 정비사   examine 검사하다   vehicle 차량   resalable 되팔 수 있는   condition 상태   offer 매매 제의

전화 메시지의 목적은 무엇인가?
(A) 위치를 알려 주는 것
(B) 거래를 협상하는 것
(C) 수리를 제안하는 것

[해설] 전화 메시지의 목적을 묻는 문제입니다. 화자의 말 we would like to make you an offer on it에서 차량에 대한 매매 제의를 하고 싶어서 전화한 것임을 알 수 있으므로 (B)가 정답입니다.

[어휘] location 위치   negotiate 협상하다   deal 거래   suggest 제안하다   repair 수리

02 장소/직업 및 직장 문제 유형

연습 문제

본문 p. 200

[01-05] 01. ⓑ   02. ⓐ   03. ⓐ   04. ⓒ   05. ⓐ
[06-07] 06. (B)   07. (A)

[06-07]

06. [공지]

Attention passengers. The train departing for Baltimore at 12:30 will be delayed.

승객 여러분, 안내드립니다. 12시 30분에 볼티모어로 출발하는 열차가 연착될 것입니다.

[어휘] depart for ~로 출발하다, 떠나다 delay 지연시키다

[해설] 공지가 이루어지는 장소를 묻는 문제입니다. 화자의 말 The train departing for Baltimore at 12:30 will be delayed에서 기차역에서 이뤄지는 공지임을 알 수 있으므로 (B)가 정답입니다.

07. [연설]

Today, we are gathered here to celebrate our 20th anniversary. We started as just a small family-owned restaurant.

오늘, 우리는 20주년 기념일을 축하하기 위해 여기 모였습니다. 우리는 작은 가족 경영 식당으로서 시작했습니다.

[어휘] gather 모으다 celebrate 축하하다 anniversary 기념일 -owned ~의 소유인

[해설] 연설을 하는 사람의 직업을 묻는 문제입니다. 화자가 대표로 기념식에서 사업을 소개하는 말, We started as just a small family-owned restaurant에서 화자는 식당 점주임을 유추할 수 있으므로 (A)가 정답입니다.

실전 문제
본문 p. 201

A 01. (B) 02. (C)

B 01. opening / this / Recreation Center 02. director / leading / behalf / mayor

01. [공지]

We are proud to announce the opening of a public pool in this Westport Recreation Center located at 815 Canbury street, next to Rutledge High School.

Rutledge 고등학교 옆 Canbury 가 815번지에 위치한 이 Westport 오락 센터 내에 공공 수영장을 개장한다는 것을 알리게 되어 뿌듯합니다.

[어휘] proud 자랑스러운 announce 알리다, 발표하다 public 공공의 pool 수영장 recreation center 오락 센터, 휴양소 located 위치한

청자들은 어디에 있는 것 같은가?
(A) 학교에
(B) 오락 센터에
(C) 박물관에

[해설] 공지를 듣는 청자들이 어디에 있는지 묻는 장소 문제입니다. 화자의 말 We are proud to ~ in this Westport Recreation Center에서 청자들은 오락 센터 안에 있음을 알 수 있으므로 (B)가 정답입니다.

02. [연설]

> Thank you for attending this year's symposium. My name is Mark Bruins, and I am the vice director of health and human services for New York City. I'll be leading the symposium on behalf of the mayor's office.
>
> 올해의 심포지엄에 참석해 주셔서 감사합니다. 제 이름은 Mark Bruins이고, 뉴욕시의 보건 복지부 부국장입니다. 제가 시장실을 대표해서 심포지엄을 이끌 것입니다.
>
> ---
>
> [어휘] symposium 심포지엄, 학술 토론회   vice 부의, 차석의   director 국장, 부장   health and human services 보건 복지부
> lead 이끌다, 주도하다   on behalf of ~을 대표해서, ~을 대신해   mayor 시장

화자는 누구인 것 같은가?

(A) 피트니스 강사

(B) 전문 의료인

(C) 공무원

[해설] 연설을 하는 사람의 직업을 묻는 문제입니다. 화자의 말 I am the vice director of health and human services ~ on behalf of the mayor's office에서 화자는 보건 복지부 부국장, 즉 행정 기관 종사자임을 알 수 있으므로 (C)가 정답입니다.

[어휘] instructor 강사   medical 의학[의료]의   professional 전문직 종사자   government official 공무원

문제 유형 익히기 (2) – 세부적인 내용을 묻는 유형

01 광고 제품 및 서비스/미래 문제 유형

연습 문제
본문 p. 206

[01-05] **01.** ⓐ   **02.** ⓑ   **03.** ⓐ   **04.** ⓐ   **05.** ⓑ

[06-07] **06.** (B)   **07.** (B)

[06-07]

06. [광고]

> Don't have time to cook at home? Here is a new food delivery app for you.
>
> 집에서 요리할 시간이 없나요? 여기 당신을 위한 새로운 음식 배달 앱이 있습니다.
> ------
> 어휘 delivery 배달   app 앱, 애플리케이션(= application)

해설 광고하는 제품 및 서비스를 묻는 문제입니다. 화자의 말 Here is a new food delivery app for you에서 배달 앱을 광고하고 있음을 알 수 있으므로 (B)가 정답입니다.

07. [방송]

> Good morning, you're listening to DBC. The traffic update is coming up next.
>
> 좋은 아침입니다, 여러분은 DBC를 듣고 계십니다. 다음은 교통 상황 정보가 있겠습니다.
> ------
> 어휘 traffic 교통(량)   update 최신 정보   come up (방송) 예정이다

해설 방송 다음에 일어날 일을 묻는 문제입니다. The traffic update is coming up next에서 청자들은 다음에 교통 정보를 듣게 될 것임을 알 수 있으므로 (B)가 정답입니다.

실전 문제
본문 p. 207

A **01.** (C)   **02.** (A)

B **01.** moving / apartment / handle / packing / belongings   **02.** speak / owner / tell / involved

01. [광고]

> Whether you're <u>moving</u> out of a small <u>apartment</u> or a large family home, Affordable Movers has you covered. Our specialists will <u>handle</u> everything, from <u>packing</u> up your clothes and dishes to moving your <u>belongings</u> to your new residence.

작은 아파트에서 이사하든 대가족 주택에서 이사하든, Affordable Movers가 해결해 드립니다. 저희 전문가들이 옷과 접시를 포장하는 것에 서부터 새로운 거주지로 소지품을 옮기는 것까지 모든 것을 처리할 것입니다.

[어휘] **whether** ~이든 (아니든)   **specialist** 전문가   **handle** 처리하다   **pack up** ~을 포장하다   **belongings** 소지품   **residence** 거주지

어떤 업종이 광고되고 있는가?
(A) 가전제품점
(B) 청소 회사
(C) 이사 서비스

[해설] 광고하는 제품 및 서비스를 묻는 문제입니다. 화자의 말 Whether you're moving out of a small apartment or a large family home, Affordable Movers has you covered에서 이사 업체를 광고하고 있음을 알 수 있으므로 (C)가 정답입니다.

[어휘] **home appliance** 가전제품   **relocation** 이사, 이전

02. [방송]

Now, let's speak with Michelle Williamson, the owner of Cloud Pizzeria, who is here to tell us about how her business is involved in the fair this year.

자, Cloud Pizzeria의 소유주이신 Michelle Williamson과 이야기를 나누겠습니다. 그녀는 올해 박람회에 자신의 사업이 어떻게 참여하는지 알려 주기 위해 여기 왔습니다.

[어휘] **owner** 소유주   **involve** 참여시키다, 관련시키다   **fair** 박람회

화자에 따르면, 다음에 무슨 일이 있을 것인가?
(A) 초대 손님이 어떤 정보를 제공할 것이다.
(B) 수상자가 발표될 것이다.
(C) 일기 예보가 있을 것이다.

[해설] 방송 다음에 일어날 일을 묻는 문제입니다. 화자의 말 Now, let's speak with Michelle Williamson ~ who is here to tell us about how her business is involved in the fair this year에서 이다음에 Michelle Williamson이라는 초대 손님이 자신의 사업에 관한 이야기를 해 줄 것임을 알 수 있으므로 (A)가 정답입니다.

[어휘] **guest** 초대 손님   **provide** 제공하다   **prizewinner** 수상자   **announce** 발표하다   **weather forecast** 일기 예보

02 의도 파악/시각 자료 문제 유형

연습 문제

본문 p. 210

01. (B)   **02.** (B)

01. [방송]

오늘 밤 방송에서는, Carter Powell 병원의 연구부장인 Travis 박사님을 인터뷰할 예정입니다. 그의 이름이 익숙하지 않으시다면, 그래야(익숙해져야) 합니다. Travis 박사님은 전국적으로 수십만 명의 사람들을 도운 획기적인 심장약 Brespira를 직접 맡으셨습니다.

interview 인터뷰하다 head 장, 책임자 research 연구 familiar 익숙한 directly 직접 responsible for ~을 맡은, ~에 책임이 있는 breakthrough 획기적인 medication 약 hundreds of thousands of 수십만의, 다수의 nationwide 전국적으로

해설 화자의 말이 무엇을 의미하는지 묻는 의도 파악 문제입니다. 화자의 말 Dr. Travis is directly responsible for the breakthrough heart medication Brespira에서 초대 손님인 Travis 박사는 획기적인 심장약을 직접 개발했음을 알 수 있는데, 이를 통해 "그래야 한다(그 이름을 알고 있어야 한다)"는 말은 Travis 박사가 이런 중대한 성과를 거둔 인물임을 강조하려는 의미에서 한 말임을 알 수 있습니다. 따라서 (B)가 정답입니다.

02. [전화 메시지]

내일 모든 사람의 전문적인 인물 사진을 찍기 위해 사무실에 사진사가 올 거예요. 우리 부서는 오후 2시부터 3시까지 사진을 찍을 예정입니다.

어휘 photographer 사진사 take (사진을) 찍다 professional 전문적인 portrait 인물 사진, 초상화 department 부서

사진 촬영 일정 3월 23일	
인사부	오전 10:00 – 오전 11:00
재무부	오후 1:00 – 오후 2:00
마케팅부	오후 2:00 – 오후 3:00
고객 서비스부	오후 3:00 – 오후 4:00

해설 화자가 근무하는 부서를 찾는 시각 자료 문제입니다. 화자의 말 Our department is scheduled to have photos taken from 2:00 P.M. to 3:00 P.M.에서 화자의 부서는 오후 2시에서 3시에 사진을 찍을 예정임을 알 수 있고, 시각 자료에서 오후 2시-3시에 촬영하는 부서는 마케팅부임을 확인할 수 있으므로 (B)가 정답입니다.

실전 문제
본문 p. 211

A **01.** (C) **02.** (B)
B **01.** reaching / costs / struggling / contribute **02.** exceeded / exception / month / decline

01. [연설]

Despite this success, we are still a long way from reaching our goals. It costs a lot to keep our shelters open, and we are struggling this year. Therefore, any help would be greatly appreciated. Please speak with me after the presentation if you want to contribute.

이러한 성공에도 불구하고, 저희는 목표에 도달하기까지는 아직 멀었습니다. 대피소를 계속 개방하는 데 비용이 많이 들어, 올해는 어려움을 겪고 있습니다. 따라서 어떤 도움이라도 주시면 대단히 감사하겠습니다. 기부를 원하시면 프레젠테이션 후에 저와 이야기해 주십시오.

어휘 reach 도달하다, 다다르다 goal 목표 cost 비용이 들다 a lot 많이 keep 계속 ~하다, 유지하다 shelter 대피소, 보호소 struggle 어려움을 겪다 greatly 대단히 appreciate 감사하다 contribute 기부하다, 기여하다

화자가 "어떤 도움이라도 주시면 대단히 감사하겠습니다"라고 말할 때 암시하는 것은 무엇인가?

(A) 어떤 문제에 관해 더 듣고 싶다.

(B) 자원봉사자들이 센터에서 돕기를 원한다.

(C) 사람들이 재정적인 기부를 하기를 원한다.

[해설] 화자의 말이 무엇을 암시하는지 묻는 의도 파악 문제입니다. 화자의 말 Please speak with me after the presentation if you want to contribute에서 "도움을 달라"는 말은 기부를 원한다는 의미임을 알 수 있으므로 (C)가 정답입니다.

[패러프레이징] contribute → make financial donations

[어휘] **issue** 문제, 사안　**volunteer** 자원봉사자　**assist** 돕다, 보조하다　**financial** 재정적인　**donation** 기부

02. [회의 내용 발췌]

In fact this year, the occupancy rates have exceeded last year's rates every month so far with the exception of one month. As you know, the severe weather conditions during that month resulted in a significant decline in business.

사실 올해 들어 지금까지 한 달을 제외하고 매달 객실 점유율은 작년 수준을 넘어섰습니다. 아시다시피, 그달 동안은 혹독한 기상 조건으로 인해 사업이 크게 위축되었습니다.

[어휘] **occupancy** 점유, 사용　**rate** 비율　**exceed** 넘어서다, 초과하다　**so far** 지금까지　**exception** 예외　**severe** 혹독한, 극심한　**result in** ~의 결과를 가져오다　**significant** 아주 큰, 상당한　**decline** 위축, 감소

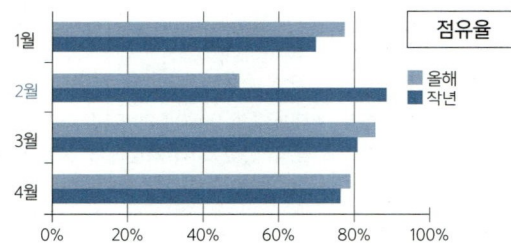

시각 자료를 보시오. 올해 언제 기상 조건이 혹독했는가?

(A) 1월

(B) 2월

(C) 3월

[해설] 올해 기상 조건이 혹독했던 달을 찾는 시각 자료 문제입니다. 화자의 말 this year, the occupancy rates have exceeded last year's rates every month so far with the exception of one month ~ the severe weather conditions during that month resulted in a significant decline in business에서 올해 지금까지 객실 점유율이 한 달을 제외하고는 작년 수준을 넘어섰는데, 그달에 기상 조건이 매우 나빠 객실 점유율이 저조했음을 알 수 있습니다. 시각 자료에서 작년보다 객실 점유율이 낮았던 달은 2월임을 확인할 수 있으므로 (B)가 정답입니다.

본문 p. 216

연습 문제

A `Step 1` 미래   `Step 2` I will   `Step 3` (B)

B when / delivered / e-mail / forward

M: Do you know <u>when</u> our trophies for the awards ceremony will be <u>delivered</u>?

W: Wait a second. I received a confirmation <u>e-mail</u>. I will <u>forward</u> it to you.

남: 시상식용 트로피가 언제 배송될지 아시나요?

여: 잠시만요. 확인 이메일을 받았어요. 전달해 드릴게요.

어휘 awards ceremony 시상식   deliver 배달하다   receive 받다   confirmation 확인, 확정   forward 전달하다, 보내다

여자는 다음에 무엇을 할 것인가?

(A) 주문하기

(B) 이메일 보내기

(C) 쿠폰 다운로드하기

(D) 교육 세션에 참석하기

해설 여자가 다음에 무엇을 할 것인지 묻는 미래 문제입니다. 여자의 말 I will forward it to you에서 남자에게 이메일을 전달할 것임을 알 수 있으므로 (B)가 정답입니다.

패러프레이징 forward → Send

어휘 place an order 주문하다   attend 참석하다

실전 문제

본문 p. 217

A **01.** (B)   **02.** (C)   **03.** (D)

B staff members / hiring / merged / quarter / post / requirements

[01-03]

M: Caitlyn, [01]you said in the staff meeting yesterday that you need more <u>staff</u> <u>members</u> in the cafeteria. How many people were you thinking of <u>hiring</u>?

W: Well, I think we need at least one more chef and one more kitchen assistant. [02]Ever since we <u>merged</u> with SoftLab last <u>quarter</u>, the lunch rush has been really hard to keep up with.

M: I guess we'll have to <u>post</u> these positions online. [03]Could you write out the job <u>requirements</u> by this afternoon?

남: Caitlyn, ⁰¹어제 직원회의에서 식당에 직원이 더 필요하다고 말씀하셨잖아요. 몇 명이나 채용할 생각이었어요?

여: 음, 적어도 주방장 한 명과 주방 보조 한 명이 더 필요할 것 같아요. ⁰²지난 분기에 SoftLab과 합병한 이후로 점심시간 혼잡을 따라잡기가 정말 어려웠어요.

남: 제 생각엔 이 일자리들을 온라인에 올려야 할 것 같아요. ⁰³오늘 오후까지 자격 요건을 작성해 주시겠어요?

[어휘] **staff** 직원 **cafeteria** (구내)식당 **hire** 채용하다 **at least** 적어도 **chef** 주방장, 요리사 **assistant** 보조 **merge with** ~와 합병하다 **quarter** 분기 **rush** 혼잡(한 상황) **keep up with** ~을 따라잡다 **post** 게시하다, 공고하다 **job requirement** 자격 요건

---

01. 화자들은 주로 무엇에 관해 이야기하고 있는가?

(A) 제품을 주문하는 것

(B) 직원들을 더 채용하는 것

(C) 교육 프로그램을 개발하는 것

(D) 주방 시설을 확장하는 것

[해설] 화자들이 주로 무엇에 관해 이야기하고 있는지 묻는 주제 문제입니다. 남자의 말 you said in the staff meeting yesterday that you need more staff members in the cafeteria에서 직원 채용에 관해 이야기하고 있음을 알 수 있으므로 (B)가 정답입니다.

[패러프레이징] staff members → employees

[어휘] **recruit** 모집하다 **develop** 개발하다 **training** 교육, 훈련 **expand** 확장하다 **facility** 시설

---

02. 회사는 지난 분기에 무엇을 했는가?

(A) 본사를 옮겼다.

(B) 취업 박람회에 참가했다.

(C) 다른 회사와 합병했다.

(D) 새로운 지점을 열었다.

[해설] 회사가 지난 분기에 무엇을 했는지 묻는 세부 사항 문제입니다. 여자의 말 Ever since we merged with SoftLab last quarter에서 지난 분기에 SoftLab과 합병했음을 알 수 있으므로 (C)가 정답입니다.

[어휘] **headquarters** 본사 **job fair** 취업 박람회 **branch** 지점

---

03. 남자가 여자에게 하도록 요청하는 것은 무엇인가?

(A) 식사 준비하기

(B) 활동 이끌기

(C) 인터뷰 진행하기

(D) 자격 요건 쓰기

[해설] 남자가 여자에게 요청하는 것을 묻는 요청 문제입니다. 남자의 말 Could you write out the job requirements by this afternoon?에서 자격 요건을 작성해 줄 것을 요청하고 있음을 알 수 있으므로 (D)가 정답입니다.

[어휘] **prepare** 준비하다 **lead** 이끌다 **session** (특정 활동을 위한) 시간, 기간 **conduct** 진행하다, 수행하다

연습 문제

본문 p. 222

A Step 1 장소 Step 2 attention Step 3 (A)

B Attention / shoppers / clothing store

[공지]

Attention Veronica's Fashion shoppers! Thank you for once again making us the highest-rated clothing store in Beane County.

Veronica's Fashion 쇼핑객 여러분! 저희를 Beane 자치주에서 최고로 평가받는 의류 매장으로 만들어 주신 것에 대해 다시 한번 감사합니다.

[어휘] shopper 쇼핑객   highest-rated 최고로 평가되는, 최고 등급의

공지는 어디에서 이뤄지고 있는가?

(A) 의류 매장에서
(B) 푸드 코트에서
(C) 철물점에서
(D) 컴퓨터 수리점에서

[해설] 공지가 이루어지는 장소를 묻는 문제입니다. 화자의 말 Attention Veronica's Fashion shoppers에서 의류 매장 쇼핑객들을 대상으로 하는 공지임을 알 수 있으므로 (A)가 정답입니다.

[어휘] hardware 철물   repair 수리

실전 문제

본문 p. 223

A 01. (D)   02. (B)   03. (C)

B main / training / sold shoes / handbook / pass / out

[01-03] [회의 내용 발췌]

Thanks for coming to this meeting. [01]The main thing I want to talk about is the training day that we're going to hold for new employees next week. [02]Some of them have experience in sales or customer service, but none of them have sold shoes before. It shouldn't be a big transition, but I put together a [03]handbook for the attendees just in case. [03]I will pass these out for you. Then we can all look over it together.

이번 회의에 와 주셔서 감사합니다. [01]제가 말씀드리고 싶은 주요 안건은 다음 주에 신입 사원들을 대상으로 진행할 교육일입니다. [02]그들 중 몇몇은 판매나 고객 서비스에 경험이 있지만, 아무도 전에 신발을 판매한 적은 없습니다. 큰 전환은 아니겠지만, 만일의 경우를 대비해서 참석자들을 위한 [03]안내서를 준비했습니다. [03]이것들을 나눠 드리겠습니다. 그런 다음 우리 모두 함께 살펴보면 될 겁니다.

어휘 **main** 주요한   **training** 교육, 훈련   **hold** 열다, 개최하다   **experience** 경험   **none** 아무도   **transition** 전환, 변화
put together (이것저것을 모아) ~을 준비하다, 만들다   **handbook** 안내서   **attendee** 참석자   **just in case** 만일을 대비해서
pass out ~을 나눠 주다   **look over** ~을 살펴보다   **together** 함께

01. 화자는 어떤 행사에 관해 이야기하고 있는가?
   (A) 취업 박람회
   (B) 시상식
   (C) 스포츠 경기
   (D) 교육 세션

   해설 화자가 어떤 행사에 관해 이야기하고 있는지 묻는 주제 문제입니다. 화자의 말 The main thing I want to talk about is the training day에서 교육 행사가 주요 안건임을 알 수 있으므로 (D)가 정답입니다.

   어휘 **tournament** 토너먼트 경기

02. 회사는 무엇을 판매하는 것 같은가?
   (A) 세제
   (B) 신발
   (C) 음식
   (D) 전자 제품

   해설 회사에서 무엇을 판매하는지 묻는 세부 사항 문제입니다. 화자의 말 Some of them have experience in sales or customer service, but none of them have sold shoes before에서 신입 사원들 중에서 판매나 고객 서비스에 경험이 있는 사람은 있어도 신발을 판매해 본 사람이 없다는 것을 강조하는 것을 보아 신발을 판매하는 회사임을 유추할 수 있으므로 (B)가 정답입니다.

   패러프레이징 shoes → Footwear

03. 화자는 다음에 무엇을 할 것인가?
   (A) 정보 수집하기
   (B) 상품 고르기
   (C) 자료 배부하기
   (D) 연설하기

   해설 화자가 다음에 무엇을 할 것인지 묻는 미래 문제입니다. 화자의 말 I will pass these out for you에서 안내서를 나누어 줄 것임을 알 수 있으므로 (C)가 정답입니다.

   패러프레이징 handbook → materials / pass ~ out → Distribute

   어휘 **collect** 수집하다, 모으다   **select** 고르다   **distribute** 배부하다, 나눠 주다   **material** 자료

토린이의 첫 번째 토익 책

토린이에서 토른이로
영단기 토익 왕기초 LC

파트별 교재

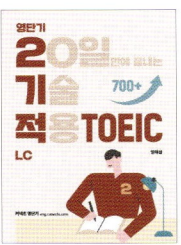

영단기 2기적 토익 LC

영단기 2기적 토익
PART 5&6

영단기 2기적 토익
PART 7

영단기 토익 PART 7
유형별 공식 40

실전모의고사

영단기 신토익 LC+RC
빈출모의고사

영단기 토익 실전
1000제 1 LC

영단기 토익 실전
1000제 1 RC

영단기 토익 실전
1000제 2 LC

영단기 토익 실전
1000제 2 RC

영단기 오픽 & 토익스피킹 교재

영단기 OPIc

영단기 OPIc
실전모의고사

영단기 토익스피킹

영단기 토익스피킹 기술

영단기 토익스피킹
실전모의고사

영단기 지텔프 교재

지텔프 기출문제 Level 2

지텔프 독해 유형별
기출문제 Level 2

지텔프 문법 유형별
기출문제 Level 2

토익 목표달성에 최적화된 커넥츠 영단기

1등 교재 라인업 👍

기초 ---------- **기본**

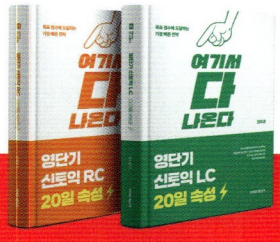

단기속성 ---------- **실전**

영단기 1등 교재의 강의를지금 모두 경험하고 싶다면?

수많은 토익러들의 가장 합리적인 선택!

커넥츠 영단기
FREE PASS